Grawe | Jane Austen. 100 Seiten

* Reclam 100 Seiten *

CHRISTIAN GRAWE, geb. 1935, hat Germanistik, Philosophie und Geschichte studiert und war bis zu seiner Emeritierung Professor für deutsche Literatur an der University of Melbourne. Er hat zahlreiche Veröffentlichungen zu Jane Austen vorgelegt und ihre Romane zusammen mit seiner Frau zum ersten Mal vollständig ins Deutsche übersetzt.

Christian Grawe

Jane Austen. 100 Seiten

Reclam

Die Zitate in den Kapitelüberschriften sind der deutschen Ausgabe von Jane Austens Briefen entnommen. Austens Werke werden nach den bei Reclam erschienenen deutschen Übersetzungen zitiert. (Siehe *Lektüretipps* im Anhang.)

Durchgesehene und aktualisierte Ausgabe 2024
2016, 2025 Philipp Reclam jun. GmbH & Co. KG,
Siemensstraße 21, 71254 Ditzingen
info@reclam.de
Umschlaggestaltung: zero-media.net, München
Umschlagabbildung: FinePic®
Infografiken (S. 16 f., 45, 53): Schwochow Visual Stories GmbH, Berlin
Bildnachweis: S. 52 © National Portrait Gallery, London; S. 64 © John Atkinson, Wrong Hands / wronghands1.com
Umschlagmaterial: Creative Print, Schabert
Druck und Bindung: Esser printSolutions GmbH,
Untere Sonnenstraße 5, 84030 Ergolding
Printed in Germany 2025
RECLAM ist eine eingetragene Marke der
Philipp Reclam jun. GmbH & Co. KG, Stuttgart
ISBN 978-3-15-020417-7
reclam.de

Für mehr Informationen zur 100-Seiten-Reihe:
reclam.de/100Seiten

Inhalt

»Die witzigste Schriftstellerin der Gegenwart«

An einem Herbsttag vor gut fünfzig Jahren betrat ich die Campus-Buchhandlung der ›University of Oklahoma‹ in den USA. Hier hatte ich angefangen, Germanistik zu lehren, und fand, meine Kenntnis der englischen und amerikanischen ›Klassiker‹ sei zu dürftig. Also ging ich in die Abteilung Paperbacks: *Literature, A to Z.* Ich begann bei A: Amis, Kingsley – Anderson, Sherwood – Austen, Jane ... Austen? War sie nicht eine der englischen Klassikerinnen? Ich kannte kaum den Namen, kaufte einen ihrer Romane – es war per Zufall *Pride and Prejudice* (*Stolz und Vorurteil*) – und begann abends im Bett zu lesen:

> It is a truth universally acknowledged, that a single man in possession of a good fortune, must be in want of a wife.
> (Es ist eine allgemein anerkannte Wahrheit, dass ein alleinstehender Mann im Besitz eines schönen Vermögens nichts dringender braucht als eine Frau. S. 5)

Ein Anfang wie gemeißelt, präzise, ironisch, aphoristisch und, wie ich bald merkte, so berühmt wie ein paar andere Anfänge von englischen Erzählwerken, etwa Charles Dickens' »It was the best of times, it was the worst of times« (*A Tale of Two Cities*) und Edward Bulwer-Lyttons »It was a dark and stormy night« (*Paul Clifford*). Aber schon Mrs. Bennets erste Sätze enthüllen die Ironie von Austens Formulierung, denn eher die Umkehrung ist richtig: dass nämlich eine junge Frau ohne ein schönes Vermögen nichts dringender braucht als einen Mann.

Als ich das erste Kapitel von *Pride and Prejudice* beendet hatte, sagte ich zu meiner Frau: »Noch nie habe ich einen so charmanten Romananfang gelesen.« Hier wurde ein Ehepaar in einem Dialog so witzig, ironisch und lebendig vorgestellt, dass man sie gleich zu kennen glaubte. Mrs. Bennet aufgeregt und fast hysterisch, Mr. Bennet, mit seiner Frau gewissermaßen Katz und Maus spielend, indifferent, herablassend, zynisch. Ein Einstieg ohne langatmige Schilderungen von Ort und Zeit, knapp und zur Sache. Es ist erstaunlich, wie viele Informationen den Lesern auf drei Seiten vermittelt werden, ohne dass sich die erklärende Stimme der Autorin in das Gespräch des Ehepaars drängt:

- Mr. Bennet hat eine dumme Frau geheiratet, deren Schönheit ihn offenbar vor mehr als dreiundzwanzig Jahren bestochen hat.
- Sie geht ihm schon lange mit ihren ›Nerven‹ auf die Nerven.
- Die Bennets haben fünf Töchter, für die ihre Mutter auf der Suche nach Ehemännern ist.
- Drei der fünf werden so charakterisiert, dass bereits ihre Rolle im weiteren Verlauf des Romans angedeutet wird: Jane ist die hübscheste, Lydia die ausgelassenste, und Elizabeth ist die geistreichste und die Lieblingstochter des Vaters.
- Aber alles in allem hält er seine Töchter für ziemlich albern.
- Er hat offenbar zu seinem Bedauern keinen Sohn, und diese

Tatsache wird für die Handlung des Romans eine wichtige Rolle spielen.

- Ein reicher alleinstehender junger Mann hat sich zu Mrs. Bennets Freude in der Nachbarschaft angesiedelt und wird sogleich ›Freiwild‹ für ihre Heiratspläne.
- Aber ihr Mann sagt, er beabsichtige nicht, den neuen Mieter durch einen Willkommensbesuch zu beehren.

Schon im zweiten Kapitel erfahren die Leser allerdings, dass Mr. Bennet nur behauptet, er werde Mr. Bingley nicht besuchen, um seine Frau zu ärgern, denn er hat es bereits getan. Dieses erste Kapitel war für mich ein eindrucksvolles Beispiel für szenisches, ökonomisches und ironisches Erzählen, das sogleich den Rahmen für den komödienartigen Charakter des ganzen Romans absteckt. Ich merkte bald, dass ich meine Begeisterung mit der Autorin selbst und unendlich vielen anderen Lesern teilte. Als Jane Austen das erste Exemplar von *Stolz und Vorurteil* erhielt, schrieb sie ihrer Schwester:

> Miss Benn hat genau an dem Tag, als die Bücher kamen, bei uns gegessen, und am Abend haben wir uns gleich daran gemacht, ihr die erste Hälfte des ersten Bandes […] vorzulesen […]. Sie fand es ganz witzig, die arme Seele, *das* konnte sie denn doch nicht verhindern bei zwei Leuten, die sie so zum Lachen anregten; aber sie bewundert Elizabeth anscheinend wirklich. Ich muss selber sagen, ich finde sie eine der hinreißendsten Gestalten, die je gedruckt erschienen sind, und ich habe keine Ahnung, wie *die* Gnade vor mir finden sollen, denen sie nicht gefällt. (*Briefe*, S. 143)

Nach der Lektüre von *Stolz und Vorurteil* wurde ich zum ›Janeite‹. Der englische Kritiker George Saintsbury (1845–1933) sprach 1894 im Vorwort zu seiner Ausgabe von *Stolz und Vorurteil* von »Austenians and Janites«. Aber es war Rudyard Kipling, der den Begriff 1924 mit seiner Erzählung *The Janeites* popularisierte. In ihr finden sich englische Offiziere im Ersten Weltkrieg als begeisterte Austen-Leser in einer »Society of the Janeites« zusammen. Sie kommen alle im Krieg um, aber ein einfacher Soldat berichtet im Rückblick über ihre Gespräche. Drei Jahre später konstatierte Arnold Bennett:

> Jane Austen? Ich glaube, ich begebe mich auf gefährliches Gelände. Jane Austens Ansehen wird geschützt von einer Kohorte von Verteidigern, die bereit sind, für ihr heiliges Anliegen einen Mord zu begehen.

Aber nicht nur zum Mord, auch zur Selbstverstümmelung hat Austen angeregt. Die Schriftstellerin Mary Russell Mitford (1787–1855), die als Kind Jane Austen noch persönlich gekannt hatte, erzählte 1828 deren Neffen James-Edward:

> Ich wäre fast bereit, mir eine meiner Hände abzuhacken, wenn mich das dazu befähigte, mit der anderen so zu schreiben wie deine Tante.

So weit würde ich denn doch nicht gehen, ja, ich wäre nicht einmal bereit, Lord David Cecil (1902–1986) zu folgen, der in seiner Jane-Austen-Biographie geschrieben hat:

> Ich wäre ernsthaft beunruhigt, ich würde mir Wochen lang Sorgen machen, wenn ich mir das Missfallen Jane Austens zuzöge.

Aber Jane Austen ließ mich nicht mehr los, ich wollte wissen:

- Wer war Jane Austen?
- Was hatte sie geschrieben?
- Gab es deutsche Übersetzungen?
- Gab es in Deutschland biographische Informationen über sie?

Es gab zwar ein paar Übersetzungen, aber keinerlei biographisches Material über sie. Wie unbekannt Austen damals im deutschsprachigen Raum noch war und wie wenig man um ihre Bedeutung wusste, lässt sich an zwei Beispielen illustrieren. Im Nachwort einer der Übersetzungen ihrer Romane wurde sie als »viktorianische Schriftstellerin« bezeichnet (Königin Victoria kam 1837 in Großbritannien auf den Thron, Austen starb 1817!). Und auf mein Angebot, die Austen-Biographie für eine Taschenbuch-Reihe zu schreiben, antwortete die Herausgeberin herablassend, ich wolle wohl auf ungebührliche Weise einer lebenden jungen Autorin zu unverdientem frühen Ansehen verhelfen.

Hier war also eine Lücke zu füllen, und so begannen meine Frau Ursula und ich unsere inzwischen fast vierzig Jahre währende ›Sisyphus-Arbeit‹, Austens Werk auch in Deutschland zu seinem verdienten Ruhm als einem der bedeutendsten der englischen Romanliteratur zu verhelfen. Wir haben Austen, so hoffen wir, durch die vollständige Übersetzung ihres Gesamtwerks – sechs Romane, drei unvollendete Romane, ihre Jugendwerke und Briefe – einen einheitlichen deutschen Klang gegeben. Um auch die biographische Lücke zu füllen, veröffentlichte ich 1988 die erste deutsche Jane-Austen-Biographie (5., überarbeitete und erweiterte Auflage 2025), der ich 2015 den Band *Jane Austens Romane. Ein literarischer Führer* folgen ließ. Wie meinen beiden anderen Austen-Büchern sind der Rat meiner Frau Ursula Grawe und ihr kritisches Urteil auch dem vorliegenden Band zugutegekommen.

Heute ist Jane Austen auch in Deutschland ein Begriff, und ihre Romane gehören neben denen Theodor Fontanes hierzulande zu den meistgelesenen aus der Zeit vor 1900. In der englischsprachigen Welt ist Austen seit hundert Jahren die beliebteste Klassikerin, eine Kultfigur, deren zahlreiche Fans weltweit in ›Jane Austen Societies‹ organisiert sind. In ihrem Namen gibt es eine regelrechte Industrie. Im ›Austen Centre‹ in Bath – und nicht nur dort – wird ein umfangreiches Angebot an ›Devotionalien‹ von der Austen-Handtasche über Austen-Briefpapier bis zu Mr.-Darcy-Manschettenknöpfen angeboten. Aber über Austens Beliebtheit bei den Lesern darf nicht die Austen-Forschung vergessen werden, die jedes Jahr neue Bücher, Dissertationen und Aufsätze über ihr Leben und ihre Werke veröffentlicht. In den letzten etwa zwanzig Jahren werden auch in Deutschland einige der englischen, auf ihren Romanen basierenden Filme und Fernsehserien gezeigt, so dass ihre Romane unterdessen auch als ›Buch zum Film‹ gelesen werden. Das eröffnet für Austen-Liebhaber einen neuen Zeitvertreib. Welche Version hält sich am getreuesten an das Original? Wer ist etwa der beste Mr. Collins, die beste Lady Catherine de Bourgh, wer die beste Fanny Price und wer die beste Anne Eliot? In welcher Serie ist das Ambiente am besten getroffen? In welchen historischen Gebäuden wurden Szenen gedreht? Wie ist die 2015 zum ersten Mal verfilmte *Lady Susan* ausgefallen?

Ist es eine Frage der Zeit, bis auch im deutschsprachigen Raum eine Jane-Austen-Gesellschaft gegründet wird? Aber dazu gilt es vorerst neue Austen-Leser zu gewinnen. Zur Sache also!

»Miss Jane Austen«

Wer war die zu ihrer eigenen Zeit weitgehend unbekannte Frau, deren Werke seit mindestens hundert Jahren als die beliebtesten klassischen Romane der englischen Literatur gelten und zu den kunstvollsten des Genres zählen? Wie sah sie aus? Wie und wo lebte sie? Die Austen-Forschung hat alles ›auszugraben‹ versucht, was irgend zur Kenntnis ihrer Person, ihres Lebens und ihrer Umwelt beitragen könnte, und hat trotz vieler nicht auszufüllender Lücken durch akribische Suche eine erstaunliche Fülle von Material gefunden, einiges davon erst in den letzten Jahrzehnten – so Briefe von Familienmitgliedern, Tagebücher aus der Verwandtschaft, Bankauszüge usw. Die 2013 erschienene *Chronology of Jane Austen and her Family* umfasst fast 800 Seiten. Wer also war Jane Austen?

Nach der Geburt seiner jüngeren Tochter am 16. Dezember 1775 schrieb Mr. Austen an seinen Halbbruder:

> Cassy [Mrs. Austen] hatte fest damit gerechnet, vor einem Monat zu Bett gebracht zu werden; aber gestern Abend war es so weit, und ohne große Warnung war alles glücklich vorbei. Wir haben nun ein zweites Mädchen, ein neues

Spielzeug für ihre Schwester Cassy und eine zukünftige Gefährtin. Sie soll Jenny heißen […].

Sie wurde nicht nur das »Spielzeug«, sondern tatsächlich auch die lebenslange Gefährtin ihrer fast drei Jahre älteren Schwester Cassandra und verbrachte wie diese den größten Teil ihres Lebens auf dem Land im Süden Englands. Nur zwei Mal lebte sie einige Jahre in städtischem Ambiente. Man hat immer wieder darauf hingewiesen, dass Janes Lebenskreis ohne weite Reisen und literarische Verbindungen recht eng war, aber für eine bürgerliche Frau ihrer Zeit war das eher die Norm. Ihren Werken kam es zugute. Sie spielen alle im südlichen England und strahlen die Lebensechtheit von Janes eigener Erfahrung und Vertrautheit mit den Schauplätzen aus. An vier Orten verbrachte sie den größten Teil ihres kurzen Lebens:

Steventon

Im ländlichen Hampshire etwa hundert Kilometer südwestlich von London war Janes Vater Pastor. In erreichbarer Nähe lagen die Häuser der befreundeten Familien. Die grüne Landschaft war noch unberührt von der aufkommenden Industrialisierung, die den Norden Englands zu verschandeln begann und das neue Proletariat mit seiner erbärmlichen Armut schuf. Hier lebte Jane die ersten beinahe fünfundzwanzig Jahre ihres Lebens. Leider gibt es vor dem ersten erhaltenen Brief vom Januar 1796 aber keinerlei persönliche Äußerungen von ihr.

Jane hatte das Glück, in einer gebildeten Familie aufzuwachsen, die ihre literarischen Interessen teilte und ihre literarischen Ambitionen unterstützte. Ihre Mutter schrieb humoristische, ihr ältester Bruder James ernste Gelegenheitsgedichte. Er gab zudem nach seiner akademischen Ausbildung 1789/90 ein Jahr lang die satirische Zeitschrift *The Loiterer* (*Der Bummler*) heraus, an der auch sein Bruder Henry mitarbeitete. Ein Leserbrief darin am 28. März 1789 stellt wahrscheinlich die erste Veröffentlichung der dreizehnjährigen Jane dar. Als zweitjüngstes von acht Kindern war sie umgeben von anregenden älteren Geschwistern. Hinzu kamen die Schüler des Vaters, die in der Familie lebten. Pastor Austen unterrichtete auch seine eigenen Söhne selbst. James und Henry bereitete er auf ihr Universitätsstudium und Francis und Charles auf ihre Ausbildung auf der Königlichen Marineakademie in Portsmouth vor. Francis Austen, der hier von sich in der dritten Person spricht, stellte seinem Vater nach dessen Tod ein glänzendes pädagogisches Zeugnis aus:

> Francis wurde zu Hause unter persönlicher Aufsicht seines Vaters erzogen, der auf bewundernswerte Weise zur Erziehung von Jungen geeignet war, da er ein ungewöhnliches Maß an klassischer Bildung und hochentwickeltem Geschmack für Literatur jeder Art mit Ausgeglichenheit und Höflichkeit verband.

Die beiden Töchter gingen von 1782 bis 1785 auf zwei sicher nicht besonders anspruchsvolle Mädcheninternate. Dort erwarben sie wohl die Anfänge ihrer Französisch-Kenntnisse. Danach hörten sie anscheinend sporadisch beim väterlichen Unterricht zu, denn Jane zitiert gelegentlich etwas auf Lateinisch.

Janes Bruder Edward wurde als Dreizehnjähriger von kinderlosen Verwandten adoptiert, heiratete in eine vornehme

Familie ein und erbte zwei stattliche Herrensitze, einen im heimatlichen Hampshire und einen in Kent, auf dem Jane öfter mehrere Monate zu Gast war. Dies waren familiäre Verbindungen, die ihren Umgang mit der eleganten Welt förderten und ihren Blick für deren Lebensart schärften.

Aber nicht nur in diesem Milieu bewegte sie sich ungezwungen. Der Lebensunterhalt einer Pfarrersfamilie wie der Austens beruhte zum großen Teil auf der Landwirtschaft. Ebenso vertraut wie Jane mit Herrenhäusern und ihren adligen Bewohnern war, kannte sie sich mit Mrs. Norris' angeblichen Moor-Park-Aprikosen in *Mansfield Park* oder mit Mr. Martins »richtig niedlicher kleiner Waliser Kuh« in *Emma* (S. 31) aus.

Während die Austen-Söhne nach und nach das Haus verließen, blieben die beiden Töchter, von denen man selbstverständlich erwartete, dass sie heiraten würden, im väterlichen Haus. Cassandra verlobte sich mit etwa zwanzig. Die monatlichen Bälle im nahegelegenen Städtchen Basingstoke und die Tanzabende in den Privathäusern der Umgebung gehörten zu den Höhepunkten im Leben der heranwachsenden Mädchen. Bei solchen Gelegenheiten traf man sich und … verliebte sich. Aus Janes ersten Briefen erfährt man, dass sie sich in den angehenden Juristen Tom Lefroy verliebte, den Neffen der benachbarten älteren Freundin Mrs. Lefroy. Mit gewohnter Ironie schrieb sie an ihre Schwester: »Mal Dir das verworfenste und skandalöseste Benehmen beim Tanzen und Zusammensitzen aus« (*Briefe*, S. 11). Kurz darauf aber reiste Tom ab, wurde viele Jahre später der oberste Richter Irlands und erinnerte sich an Jane nur vage als eine Jugendliebe.

Bath

Ende 1800 übergab Pastor Austen seine Pfarre seinem ältesten Sohn und zog mit seiner Frau und seinen Töchtern nach Bath, dem Zentrum der damaligen eleganten Welt. Die Entscheidung schockierte Jane angeblich so sehr, dass sie ohnmächtig wurde. Warum sie die hübsche Stadt mit der großartigen Architektur aus dem 18. Jahrhundert nicht mochte, ist nicht ersichtlich. Sie wählte sie zwar in *Kloster Northanger* und *Überredung* als Handlungsort, lebte aber offenbar ungern dort und gab ihre Abneigung an Anne Elliot, die Heldin von *Überredung*, weiter. Anne

> mochte Bath nicht und konnte sich nicht vorstellen, dass sie sich dort wohl fühlen werde – und ausgerechnet Bath sollte ihr Zuhause werden. [...] Anne (graute) in Bath vor [...] dem grellen Licht und es tat (ihr leid), auf die so köstliche und so melancholische Wirkung der Herbstmonate auf dem Land verzichten zu müssen [...]. (S. 19, 41)

1808 schrieb Jane an ihre Schwester, »mit welchem Gefühl der Erleichterung, entkommen zu sein« (*Briefe*, S. 105), sie die Stadt Anfang Juli 1806 verlassen habe. Leider sind aus diesen Jahren fast keine Briefe von ihr erhalten. Aus der Zeit zwischen Juni 1801 und September 1805 hat nur ein einziger überlebt, den sie allerdings nicht in Bath, sondern in Lyme Regis geschrieben hat. Das elegante Bath war für seine heißen Bäder, aber auch als ›Heiratsmarkt‹ bekannt. War auch das ein Grund, weshalb die Eltern mit ihrer achtundzwanzigjährigen und ihrer sechsundzwanzigjährigen Tochter nach Bath zogen? Da Cassandras Verlobter im Februar 1798 auf einer Reise in der

Karibik gestorben war, war auch sie noch ledig. Mr. Elton in *Emma* findet in Bath binnen kürzester Zeit seine Frau: »Vom zufälligen Rencontre bis zum Dinner bei Mr. Green und dem Ball bei Mrs. Brown« (S. 213) und schließlich zur Verlobung vergehen nur vier Wochen. Jane arbeitete in ihrem neuen Zuhause zunächst *Susan* (das spätere *Kloster Northanger*) um und bot den Roman 1803 einem Londoner Verleger an, der ihn annahm, aber nicht veröffentlichte. War Jane dadurch so entmutigt, dass sie die Arbeit an ihren nächsten beiden Romanen abbrach? Jedenfalls vollendete sie weder *Die Watsons* noch *Lady Susan*. Obwohl die vornehme, aber sehr gemischte Gesellschaft von Bath gerade für die Darstellung der frivolen, gewissenlosen Titelheldin von *Lady Susan* wohl viele Anregungen bot, ist nicht sicher, ob er nicht schon früher geschrieben wurde.

Zwei Ereignisse dieser Jahre haben in Janes Leben besondere Bedeutung. Erstens nahm die fast Siebenundzwanzigjährige im Dezember 1802 den Heiratsantrag eines sechs Jahre jüngeren Mannes an, der ein Herrenhaus in der Nähe Steventons besaß, widerrief ihre Entscheidung aber bereits am nächsten Morgen. So blieben beide Schwestern ledig und lebten weiter bei ihren Eltern und nach dem Tod ihres Vaters bei der Mutter. Zweitens wirkten in den Jahren in Bath Janes Ferienreisen an die Südküste anregend für ihre künstlerische Entwicklung. Lyme Regis, das sie 1803 und 1804 besuchte, wurde zum dramatischen Schauplatz in *Überredung*.

Als Pastor Austen Anfang 1805 starb, verringerte sich das Einkommen der drei Austen-Damen erheblich. Während der nächsten zwei Jahre besuchten sie Freunde und Verwandte, so dass Jane wohl die Ruhe zur literarischen Arbeit fehlte. Die Mutter und ihre Töchter verließen Bath Mitte 1806.

Southampton

Im März 1807 siedelten sich die Austen-Damen mit Francis Austens Familie in der Marine-Stadt Southampton an der Südküste an. Der Marineoffizier Francis war zwar häufig auf seinen Schiffen unterwegs, aber seine Frau und seine Tochter hatten auf diese Weise familiären Anschluss und lebten billiger. Von Janes literarischer Tätigkeit hier – wenn sie denn nicht ganz aufgehört hatte zu schreiben – ist nichts bekannt. Aber die Atmosphäre der Hafenstadt hat in *Mansfield Park* ihre Spuren hinterlassen, denn im nahegelegenen Portsmouth spielen die Kapitel von Fanny Prices ›Verbannung‹. Admiral Foote, ein Freund ihres Bruders Francis, war »überrascht, dass ich die Fähigkeit besaß, die Portsmouth-Szenen so gut zu zeichnen«. Auch hier also kam eigene Erfahrung ihrem Roman zugute.

Chawton

Nach zwei Jahren zogen die Austen-Damen wieder um. Der Grundbesitzer Edward bot seiner Mutter und seinen Schwestern Mitte 1809 dicht bei seinem Herrenhaus Chawton in Hampshire ein Haus im Dorf an, in dem Jane nun bis acht Wochen vor ihrem Tod fast acht Jahre lang lebte. Für Abwechslung sorgte hier unter anderem der Umgang mit Edwards, Francis' und Charles' Familien, wenn eine von ihnen im Herrenhaus wohnte. Anregend wirkten auf Jane auch die Aufenthalte in London bei ihrem Bankier-Bruder Henry und seiner koketten Frau, ihrer Cousine Eliza de Feuillide mit dem französischen Grafentitel. Ihr Mann war 1794 in Paris guillotiniert worden. Die Schwägerinnen verstanden sich gut, aber Eliza starb schon 1813. In London konnte Jane Druck und Erscheinen ihrer Romane *Mansfield Park* und *Emma* verfolgen und von dem kulturellen Angebot der Hauptstadt profitieren. Sie ging in Ausstellungen, ins Theater und hatte Umgang mit neuen Menschen.

In Chawton begannen die kurzen Jahre von Janes intensiver literarischer Produktion und publizistischem Erfolg. Innerhalb von nur gut sechs Jahren erschienen ihre sechs Romane: *Verstand und Gefühl*, *Stolz und Vorurteil*, *Mansfield Park*, *Emma*, *Kloster Northanger* und *Überredung*.

Der *persönliche* Höhepunkt ihrer Karriere bestand in der Einladung des Prinzregenten im November 1815, seine Londoner Residenz Carlton House zu besichtigen. Er schätzte ihre drei bisher erschienenen Romane und bat sie über seinen Hofgeistlichen, ihm ihren neuen Roman *Emma* zu widmen. Der *literarische* Höhepunkt ihrer Karriere war wohl das Angebot des angesehensten Londoner Verlegers, John Murray, der unter anderem das Œuvre von Lord Byron und Sir Walter Scott betreute, ihre Werke in sein Programm zu nehmen.

Im Frühjahr 1816 zeigten sich die ersten Anzeichen von Janes tödlicher Erkrankung. Es gelang ihr noch, im August *Überredung* abzuschließen, aber ihren neuen Roman *Sanditon* musste sie aufgeben. Ihr letztes Jahr bestand aus einem Wechsel zwischen der Hoffnung auf Besserung und dem Eingeständnis, dass sich ihr Zustand verschlechterte. Sie wurde zunehmend schwächer, ohne zu wissen, woran sie litt, denn die Ärzte konnten zu ihrer Zeit ihre Krankheit nicht identifizieren, und auch heute ist die Ursache ihres Todes noch nicht ganz eindeutig geklärt. Handelte es sich um die Addisonsche Krankheit, ein Versagen der Nebennieren, und/oder die Tuberkulose, deren Bazillus von Vieh übertragen worden war?

Die letzten acht Wochen ihres Lebens verbrachte Jane wegen der besseren ärztlichen Versorgung in Winchester, wohin sie bei strömendem Regen gefahren wurde. Sie starb in den frühen Morgenstunden des 18. Juli 1817 in den Armen ihrer Schwester und wurde im linken Kirchenschiff der Kathedrale von Winchester beigesetzt. Ihre Grabplatte erwähnt ihre literarische Tätigkeit nicht.

Janes Vater, der so stolz ihre Geburt begrüßt hatte, ahnte nicht, dass sie eine der größten Romanschriftstellerinnen und die beliebteste Klassikerin der englischen Literatur werden würde. Aber zu ihrer eigenen Zeit wussten das überhaupt nur wenige, denn sie suchte das Licht der Öffentlichkeit nicht, bewegte sich nicht in der literarischen Welt und veröffentlichte ihre Bücher anonym.

Jane-Austen-›Pilgerreisen‹

Wer ein ›Janeite‹ werden will, begibt sich auf eine ›Pilgerreise‹ auf den Spuren Jane Austens in Südengland. Hier ein paar Hinweise, was es zu sehen gibt.

Steventon: Janes Geburtshaus steht nicht mehr, aber die einsame Waschküchen-Pumpe auf der Wiese zeigt an, wo es gestanden hat. Dagegen sind die St.-Nicholas-Kirche ihres Vaters und einige der recht stattlichen Häuser erhalten, in denen Jane ein- und ausging (z.B. Steventon House, Ashe House, Deane House).

Bath: Am Haus 4 Sydney Place, in dem Jane gut vier Jahre lang wohnte, ist eine Gedenktafel angebracht. In der Gay Street, wohin sie dann umzog, befindet sich das Jane-Austen-Centre mit einem reichhaltigen Angebot an Austen-Memora-

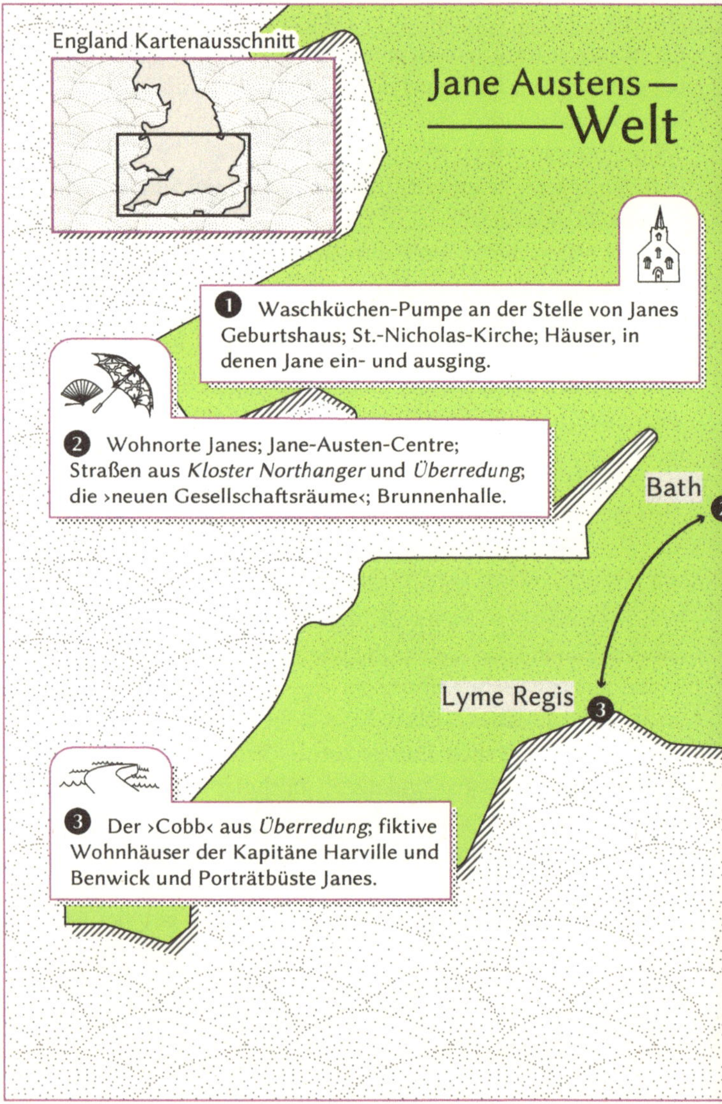
England Kartenausschnitt
Jane Austens —
——Welt
❶ Waschküchen-Pumpe an der Stelle von Janes Geburtshaus; St.-Nicholas-Kirche; Häuser, in denen Jane ein- und ausging.
❷ Wohnorte Janes; Jane-Austen-Centre; Straßen aus *Kloster Northanger* und *Überredung*; die ›neuen Gesellschaftsräume‹; Brunnenhalle.
Bath
Lyme Regis
❸ Der ›Cobb‹ aus *Überredung*; fiktive Wohnhäuser der Kapitäne Harville und Benwick und Porträtbüste Janes.

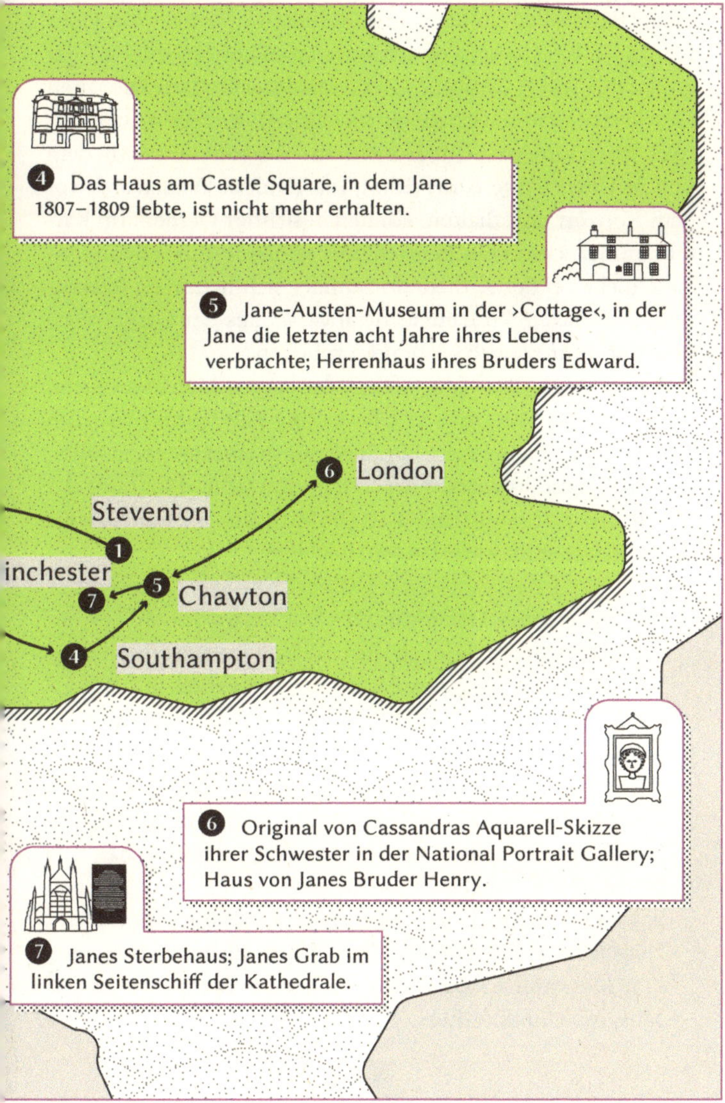
4 Das Haus am Castle Square, in dem Jane 1807–1809 lebte, ist nicht mehr erhalten.
5 Jane-Austen-Museum in der ›Cottage‹, in der Jane die letzten acht Jahre ihres Lebens verbrachte; Herrenhaus ihres Bruders Edward.
6 London
Steventon
1
inchester
5
7
Chawton
4
Southampton
6 Original von Cassandras Aquarell-Skizze ihrer Schwester in der National Portrait Gallery; Haus von Janes Bruder Henry.
7 Janes Sterbehaus; Janes Grab im linken Seitenschiff der Kathedrale.

bilia. Die Straßen, in denen die Gestalten in *Kloster Northanger* und *Überredung* wohnen oder spazieren gehen – so der großartige Royal Crescent –, sind fast unverändert. Die ›alten Gesellschaftsräume‹ existieren nicht mehr, aber die ›neuen Gesellschaftsräume‹ am Circus mit dem Oktogonzimmer, in dem sich in *Überredung* Anne Elliot und Kapitän Wentworth vor dem Konzert unterhalten, können besichtigt werden. Im Kartenzimmer kann man heute Kaffee trinken. In der Brunnenhalle dicht bei der Kathedrale befindet sich heute ein Restaurant, aber das 46 ° warme Mineralwasser aus der Quelle kann man dort immer noch kostenlos probieren.

Lyme Regis: Auf dem ›Cobb‹, der langen Mole, von deren Stufen Louisa Musgrove in *Überredung* fällt, kann man auch heute noch entlanggehen. Für Englands prominentesten Dichter des 19. Jahrhunderts, Alfred Tennyson (1819–1892) war der ›Cobb‹ offenbar schon bald nach der Mitte des Jahrhunderts eine ›Kultstätte‹: 1867 schrieb sein Begleiter:

> Wir gehen zum Cobb hinunter […], und während wir auf der Mauer sitzen, lese ich ihm die Passage aus *Überredung* vor, wo Louisa Musgrave [sic!] ihre Ferse verletzt.

Ein andermal wurde er sogar ungehalten:

> Seine Freunde [in Lyme Regis] waren außerordentlich interessiert, ihm zu zeigen, wo der Herzog von Monmouth [1685 bei seinem Versuch, die Krone an sich zu reißen] an Land gegangen war […]. Sehr zu ihrer Überraschung rief er mit ziemlicher Verstimmung: »Erzählt mir nichts vom Herzog von Monmouth! Zeigt mir die genaue Stelle, wo Louisa Musgrove hinunterfiel.«

Vor dem kleinen Haus, in dem die Kapitäne Harville und Benwick angeblich wohnten, steht eine künstlerisch wenig bedeutende Porträtbüste Jane Austens.

Chawton: Die ›Cottage‹, in der Jane die letzten gut acht Jahre ihres Lebens verbrachte, ist heute das Jane-Austen-Museum, das einen lebendigen Eindruck von ihrem Leben vermittelt. Das Herrenhaus ihres Bruders Edward, 500 m entfernt, ist erhalten.

London: In der National Portrait Gallery am Trafalgar Square ist das Original von Cassandra Austens Aquarell-Skizze ihrer Schwester ausgestellt (S. 52). Von den drei Häusern, in denen Jane ihren Bruder Henry besuchte – Sloan Street, Hans Place und Henrietta Street –, ist nur das letzte, gegenüber von Covent Garden, erhalten. Eine Plakette weist auf Jane hin.

Winchester: An Janes Sterbehaus, 8 College Street, weist eine Plakette auf die Verbindung mit ihr hin. Die Inschrift auf ihrer Grabplatte im linken Seitenschiff der Kathedrale preist ihre menschlichen Qualitäten, ohne ihre literarischen auch nur zu erwähnen.

»Ich schreibe nur um des Ruhmes willen«

Austen war ein literarisches Naturtalent mit einer sprühenden, schelmischen Fantasie und dem elementaren Bedürfnis zu schreiben. Sie begann mit etwa zwölf Jahren, sich literarisch zu betätigen, und hörte erst damit auf, als ihre tödliche Krankheit sie drei Monate vor ihrem Tod zwang, die Feder für immer aus der Hand zu legen. Dazwischen liegen fast dreißig Jahre, in denen eines der schmalsten, beliebtesten und am meisten bewunderten Œuvres der englischen Literatur entstand. Mit achtzehn hatte sie etwa 300 Seiten kurzer literarischer Texte geschrieben. Erst lange nach ihrem Tod wurden diese Jugendwerke der Öffentlichkeit zugänglich gemacht. Auf Deutsch sind sie zum ersten Mal vollständig 2012 im Reclam Verlag erschienen. Da ich kein Spielverderber sein möchte, wird der Inhalt von Austens Werken im Folgenden so vorgestellt, dass das Lesevergnügen auch für Jane-Austen-Neulinge nicht beeinträchtigt wird.

Jugendwerke

Austen füllte bis zu ihrem siebzehnten Lebensjahr drei Hefte mit Anekdoten, Burlesken, Erzählungen, kurzen Romanen, Miniatur-Theaterstücken, fiktiven Briefen und Skizzen. Die Texte reichen von einer halben Seite bis zu sechzig Seiten. Sie sind das Zeugnis von Austens literarischer Entwicklung und von einer überbordenden, respektlosen Einbildungskraft, die augenzwinkernd alle moralischen und gesellschaftlichen Gebote mit Füßen tritt und literarische Zeitmoden verspottet. Mit Austens sprühender Fantasie und ironischer Ader werden die etablierten Familien-, Liebes-, Standes-, Gesellschafts- und Geschäftsbeziehungen, von jeder moralischen Erwägung unberührt, auf den Kopf gestellt. Die Stücke sind eine schelmische Provokation der zivilisierten Welt, in der sie lebte. Es wird darin gestohlen, gemordet, geheuchelt, gelogen, die Ehe gebrochen, intrigiert und Verrat geübt. Es wird verhaftet und heftig getrunken; es werden Kinder ausgesetzt, die guten Sitten mit Füßen getreten, Paare verkuppelt, es fallen junge Damen abwechselnd in Ohnmacht, es werden Menschen exzessiv geliebt oder gehasst und Meineide geleistet – und all das mit amüsierter Unbekümmertheit. Entsprechend bunt ist das Ensemble von kuriosen Gestalten: treulose Partner, lieblose Eltern, missratene Kinder, hysterische junge Damen, brutale Mörder und von ihrer eigenen Schönheit bezauberte Menschen. Das letzte Werk dieser literarischen Produktion des Teenagers, *Kitty und die Laube*, ist Austens erster ernsthafter Entwurf eines Romans, in dessen Zentrum eine 17-jährige Heldin steht.

Kostprobe 1

Brief einer jungen Dame, deren überwältigende Gefühle ihre Urteilskraft beeinträchtigen und sie dadurch zu einer Reihe von Irrtümern verleiteten, die ihr Herz missbilligte

Zahlreich sind die Mühen und Wechselfälle meines bisherigen Lebens, meine liebe Ellinor, und in meiner Verbitterung darüber besteht mein einziger Trost darin, dass ich bei genauerer Betrachtung meines Verhaltens überzeugt bin, nichts Besseres verdient zu haben. Schon in meiner frühen Jugend habe ich meinen Vater ermordet, dann habe ich meine Mutter getötet, und jetzt werde ich meine Schwester umbringen.

Ich habe meine Religion so oft gewechselt, dass mir keinerlei religiöse Gefühle mehr geblieben sind. Ich habe als Zeugin bei allen öffentlichen Gerichtsverhandlungen der vergangenen zwölf Jahre Meineide geschworen und mein eigenes Testament gefälscht. Kurz und gut, es gibt kaum ein Verbrechen, das ich nicht begangen habe – aber jetzt bin ich entschlossen, mich zu bessern. Oberst Martin von der berittenen königlichen Garde hat mir die Ehe angetragen, und wir wollen uns in einigen Tagen trauen lassen. Da unsere Liebesbeziehung einzigartig ist, will ich dir einen kurzen Bericht davon geben.

Oberst Martin ist der zweite Sohn des verblichenen Sir John Martin, der unermesslich reich verstarb, aber den größten Teil seines Vermögens, ungefähr acht Millionen, dem nunmehrigen Sir Thomas vermacht hat, wohingegen er seinen drei jüngeren Kindern nur jeweils hunderttausend Pfund vererbte.

Von diesem Hungergeld lebte Oberst Martin fast vier Monate einigermaßen sorgenfrei, bevor er sich in den Kopf setzte, das ganze Erbe seines älteren Bruders an sich zu bringen. Ein gefälschtes Testament wurde aufgesetzt und dem Gericht präsentiert – aber niemand außer dem Oberst war bereit, seine Echtheit zu beschwören, denn er hatte schon so viele Meineide geleistet, dass keiner ihm glaubte. Zufällig ging ich in diesem Augenblick an der Tür des Gerichtssaals vorüber; der Richter bat mich herein und erzählte dem Oberst, ich sei die Dame, die um der Gerechtigkeit willen bereit sei, jeden beliebigen Schwur zu leisten, und legte ihm deshalb nahe, sich doch an mich zu wenden. Kurz und gut, die Sache war bald erledigt. Der Oberst und ich beschworen die Gültigkeit des Testaments, und Sir Thomas wurde gezwungen, sich von seinem unrechtmäßig erworbenen Reichtum zu trennen. Der dankbare Oberst machte mir am nächsten Tag seine Aufwartung und hielt dabei um meine Hand an – und jetzt werde ich meine Schwester umbringen.

Auf ewig deine
Anna Parker
(*Jugendwerke*, S. 215 f.)

Die Romane

Mit fünfundzwanzig hatte Austen die frühen Fassungen von drei Romanen abgeschlossen: *First Impressions* arbeitete sie später zu *Stolz und Vorurteil, Elinor and Marianne* zu *Verstand und Gefühl* und *Susan* zu *Kloster Northanger* um. Danach begannen unruhige, literarisch nicht sehr fruchtbare Jahre, in denen sie zwei neue Romanprojekte in Angriff nahm und wieder aufgab:

Die Watsons: Die Entstehungszeit des Fragments steht nicht fest. Zwei Blätter des Manuskripts tragen ein Wasserzeichen von 1803. Bald danach ist der Roman also offenbar begonnen worden. Da darin ein Vater mehrerer Kinder stirbt, hat man vermutet, dass Austen den Entwurf aufgegeben hat, als ihr eigener Vater im Januar 1805 starb. Aber möglicherweise behagte ihr auch das zänkische Familienmilieu des Entwurfs nicht. Die Handlung wird durch die Rückkehr Emmas, der zweiten Tochter des kränklichen Pastors Watson, in Gang gesetzt. Emma hat bisher bei ihrer Tante gelebt und war als deren Erbin vorgesehen. Aber nun haben sich ihre Aussichten dramatisch geändert ... Ihr weiteres Schicksal sollte den Handlungsfaden des Romans bilden. Drei Männer würden sich zu ihr hingezogen fühlen. Bei ihrem ersten Besuch eines Balles »in der Stadt D. in Surrey« (S. 8) erlebt sie die Gesellschaft, die das personale Ensemble des Romans ausmachen sollte. Darin entwickeln sich die Beziehungen zwischen zwei Familien von unterschiedlichem gesellschaftlichen Rang, der armen Pfarrersfamilie Watson und der adligen Familie Osborne, mit enttäuschten wie erfüllten Liebeshoffnungen auf beiden Seiten.

Lady Susan: Die Entstehungszeit ist umstritten. Es existiert nur eine Reinschrift des Manuskripts. Einige Blätter davon haben ein Wasserzeichen von 1805. Wegen der geschliffenen Prosa, der souveränen Gestaltung der Titelgestalt und der stringenten Struktur halte ich es mit dem Austen-Experten R. W. Chapman für wahrscheinlich, dass der Roman erst kurz vor der Reinschrift konzipiert wurde. Die Mehrzahl der Austen-Forscher plädiert dagegen für eine Entstehungszeit um 1794.

Austens Briefroman über die Affären, Manipulationen und Betrügereien der etwa fünfunddreißigjährigen durch und durch verdorbenen, intelligenten und bildhübschen Witwe Lady Susan Vernon, die mit drei Männern zugleich anzubändeln versucht, ist literarisch eine brillante ›tour de force‹. Der

Roman ist geschickt so konzipiert, dass die Leser aus den Briefen der Lady und ihrer ebenso gewissenlosen Londoner Freundin wissen, was sie getan hat oder plant, während die Briefe ihrer Verwandten deren Ahnungslosigkeit bestätigen. Die Blickwechsel erlauben den Lesern des Romans Einsichten, die seine Gestalten noch nicht haben. Sie werden dadurch in der ständigen Spannung zwischen Bewunderung für Lady Susans manipulative Raffinesse und Verachtung für ihre Gewissenlosigkeit gehalten.

Lady Susan mit seinem Hauch des ›ancien régime‹ ist ein kühnes literarisches Experiment, das umso gewagter erscheint, als die Briefe von einer unverheirateten jungen Dame geschrieben sind. Die Ereignisse entfalten sich rapide in kürzer werdenden Briefen. Eine sich so schamlos zu ihrer Verworfenheit bekennende Frau der gehobenen Gesellschaft hatte es bisher in der englischen Literatur nicht gegeben.

Die Watsons und *Lady Susan* wurden erst im 20. Jahrhundert vollständig veröffentlicht.

Als 1808 nach Austens Umzug nach Chawton Ruhe in ihr häusliches Leben einkehrte, stellte sich mit der erneuten Arbeit an ihren schon existierenden Romanen auch der literarische Erfolg ein. Austen erlebte im Herbst 1811 die Veröffentlichung von

Verstand und Gefühl (*Sense and Sensibility*): Das Buch entstand 1797 unter dem Titel *Elinor and Marianne* als Briefroman. Seine Entwicklung bis zur Annahme durch den Verlag im Winter 1810 ist unbekannt. Bei der offenbar weitgehenden Umarbeitung wurde das Konzept des Briefromans aufgegeben. Der Roman erschien Ende Oktober 1811 in drei Bänden anonym (»by a lady«) in einer bescheidenen Auflage.

Das Leben von Mrs. Dashwood und ihren drei Töchtern ändert sich entscheidend, als die Damen in »ein kleines Haus [...] in Devonshire« (S. 29) umziehen müssen. Hier geraten Elinor und Marianne Dashwood aufgrund ihrer gegensätzlichen emotionalen Disposition in verstörende Liebesabenteuer. In ihrem extremen Gefühlsüberschwang und ihrer Vertrauensseligkeit hält sich die »noch nicht siebzehnjährige« (S. 23) Marianne für verlobt mit dem attraktiven Mr. Willoughby. Die »neunzehnjährige« (S. 9) diskrete Elinor verliebt sich in den schüchternen, ungewöhnlich zurückhaltenden Edward Ferrars. Als die meisten Personen des Romans in London zusammentreffen, verschlimmern sie durch ihre Entscheidungen und Handlungen Elinors und Mariannes Liebessorgen. Dabei kommen verstörende Wahrheiten über die beiden erwähnten Männer ans Licht und andere Bewerber ins Spiel. Die Menschen in der gesellschaftlichen Umgebung der beiden Mädchen enthüllen sich in ihrer moralischen oder unmoralischen Lebenshaltung und ihren egoistischen oder altruistischen ökonomischen Einstellungen. Die gegensätzliche seelische Disposition der beiden Dashwood-Mädchen repräsentiert Zeitströmungen: Elinors tapfere Beherrschung ihrer Gefühle durch nüchterne Überlegung gehört in die Gedankenwelt der Aufklärung, die in den Realismus eingeht. Marianne wird durch ihren Gefühlsüberschwang zu falschen Charakter-Einschätzungen und Vergehen gegen die gesellschaftliche Etikette verleitet. Ihr Übermaß an Emotionalität ist ein Element der Empfindsamkeit, die zu Beginn des 19. Jahrhunderts in die Romantik mündet. Austen favorisiert eine Balance zwischen beiden.

Gut ein Jahr später, Anfang 1813, folgte ***Stolz und Vorurteil*** (*Pride and Prejudice*): Der Roman wurde 1796/97 unter dem Titel *Erste Eindrücke* abgeschlossen und am 1. November 1797 von Austens Vater einem Verleger angeboten, der den Roman ungelesen ablehnte. Austen arbeitete ihn wahrscheinlich nach der Veröffentlichung von *Verstand und Gefühl* um und bot ihn dessen Verleger an. Er publizierte das Buch unter dem neuen Titel in drei Bänden und wieder anonym (»by a Lady, Author of *Sense and Sensibility*«).

Die Ankunft von vier jungen Männern bringt in Austens beliebtestem Roman Aufregung ins ländliche Hertfortshire: der immens reiche, stolze, gutaussehende Mr. Darcy und sein Freund, der ebenfalls wohlhabende, attraktive Mr. Bingley, der pompöse, alberne Pastor Collins und der charmante Offizier Mr. Wickham. Sie alle geraten in eine Beziehung zu den Töchtern der Familie Bennet, so dass Heiratsanträge, skandalöse Ereignisse, Trennungen und Zerwürfnisse folgen. Im Zentrum des Romans steht die spannungsreiche Liebesbeziehung zwischen der geistreichen, eigenwilligen, selbstbewussten Elizabeth Bennet und dem stolzen, aus adliger Familie stammenden Fitzwilliam Darcy. Sie wird durch wechselseitigen Stolz und Vorurteile negativ beeinflusst. Während *sie* sich in eine immer größere Abneigung gegen ihn hineinsteigert, ist *er* immer mehr von ihr fasziniert. Sein vergeblicher Heiratsantrag – eines von Austens bravourösesten Kapiteln – endet mit wechselseitiger Feindseligkeit. Bei ihrer peinlichen Wiederbegegnung auf seinem Herrensitz beginnt ihre Geschichte eine Wendung zu nehmen …

Kostprobe 2

Der sozial weit überlegene Mr. Darcy macht der resoluten Elizabeth Bennet einen Heiratsantrag, unmittelbar nachdem sie – allerdings aus trügerischer Quelle – nur Negatives über ihn erfahren hat:

»Vergeblich habe ich mit mir gekämpft. Es nützt nichts. Meine Gefühle lassen sich nicht unterdrücken. Ich muss Ihnen einfach sagen, wie sehr ich Sie bewundere und liebe.«

Elizabeth war sprachlos. Sie staunte, errötete, zweifelte und schwieg. [...] Er sprach geschickt, aber er gestand ihr nicht nur seine Liebe, auch andere Dinge gingen in ihm vor, und sein Stolz machte ihn nicht minder beredt als seine Liebe.

Das Bewusstsein ihrer sozialen Unterlegenheit, sein gesellschaftlicher Abstieg, die Überzeugung, dass familiäre Hindernisse seiner Neigung im Weg standen, wurden mit einer Leidenschaft vorgetragen, aus der seine ganze Selbsterniedrigung sprach, die aber nicht dazu angetan war, seiner Werbung zum Erfolg zu verhelfen.

[...] je mehr seine Ausdrucksweise sie empörte, umso mehr löste sich ihr Mitgefühl in Wut auf. [...]

Er *sprach* zwar von seinen Ängsten und Befürchtungen, aber sein Gesicht drückte vollkommene Selbstsicherheit aus. [...] als er schwieg, stieg ihr die Röte ins Gesicht, und sie sagte:

»In einem Fall wie diesem gehört es sich wohl, sich dankbar zu zeigen für die zum Ausdruck gebrachten Gefühle, wie wenig sie auch erwidert werden mögen. [...] Aber ich kann es nicht – ich habe um Ihre gute Meinung nie gebeten, und Sie haben sie zweifellos höchst ungern gestanden. [...] Die Rücksichten, die Sie [...] so lange daran gehindert haben, Ihre Zuneigung zu gestehen, werden Ihnen sicher auch dazu verhelfen, ihn [seinen Schmerz] nach dieser Erklärung ohne Schwierigkeiten zu überwinden.«

Mr. Darcy, der am Kaminsims lehnte und sie unverwandt ansah, schien ihre Worte mit einer Mischung aus Verärgerung und Überraschung aufzunehmen. Er wurde blass vor Wut, und seine Erregung drückte sich in jedem Gesichtszug aus. Er rang um

Fassung […]. Für Elizabeth war die Pause qualvoll. Aber schließlich sagte er mit erzwungener Ruhe […]:

»Und das ist die ganze Antwort, mit der beehrt zu werden ich erwarten darf? Vielleicht hätte ich den Wunsch zu erfahren, warum ich mit so wenig Bemühen um Höflichkeit abgewiesen werde. […]«

»Ich könnte ebenso gut fragen«, erwiderte sie, »warum Sie mit der offensichtlichen Absicht, mich zu kränken und zu beleidigen, sich entschlossen haben, mir zu sagen, dass Sie mich gegen Ihren Willen, gegen Ihre Einsicht und sogar gegen Ihren Charakter mögen. War das nicht Grund genug, unhöflich zu sein, wenn ich überhaupt unhöflich *war*? Aber ich habe andere Gründe! Und Sie wissen es! […].«

Als sie diese Worte sagte, wechselte Mr. Darcy die Farbe, […]. [Elizabeth erläutert ihm nun seine Vergehen im Einzelnen.]

»Sie sind im Irrtum, Mr. Darcy, wenn Sie annehmen, dass die Art und Weise Ihres Antrags mich anders berührt hat, als mir die Skrupel zu ersparen, die die Ablehnung Ihrer Werbung mir gemacht hätte, wenn Sie sich wie ein Gentleman aufgeführt hätten.«

Sie sah ihn bei dieser Bemerkung auffahren, aber er sagte nichts, und sie fügte hinzu: »Sie hätten mir einen Heiratsantrag auf *keine* Weise machen können, die mich verlockt hätte, ihn anzunehmen.« […]

»Sie haben wahrhaftig genug gesagt, Madam. Ich habe Ihre Gefühle vollständig begriffen und muss mich nun nur noch für meine eigenen schämen. Entschuldigen Sie, dass ich Ihre Zeit in Anspruch genommen habe […].« (S. 215 f.)

Die Handlung ist eingebettet in die nachbarliche Gesellschaft der Bennets und verfolgt weitere Liebesbeziehungen und die Spannungen zwischen den Protagonisten. Wie bei *Verstand und Gefühl* geht es auch in *Stolz und Vorurteil* um die Korrektur menschlicher Haltungen. Austens beliebtester Roman führt in die englische Literatur eine neue, selbstbewusste, schlagfertige, ironische Frauengestalt ein. In einem von Austens spannungsreichen Dialogen setzt Elizabeth sich gegen die Zumutungen der taktlosen, hochmütigen Lady Catherine de Bourgh durch, der Repräsentantin des privilegierten, überkommenen Adels:

> Meine Tochter und mein Neffe sind wie füreinander geschaffen. Sie stammen mütterlicherseits von demselben altadligen Geschlecht ab, und väterlicherseits von respektablen, würdigen und alten, wenn auch bürgerlichen Familien. [...] und was soll sie auseinanderbringen? Die Ambitionen eines Emporkömmlings, einer jungen Frau ohne Familie, Beziehungen und Vermögen. [...] Wenn Sie wüssten, was gut für Sie ist, dann würden Sie nicht das Milieu verlassen wollen, in dem Sie aufgewachsen sind.
>
> Ich hätte nicht den Eindruck, dieses Milieu zu verlassen, wenn ich Ihren Neffen heiratete. Er ist ein Gentleman, ich bin die Tochter eines Gentlemans, insofern sind wir ebenbürtig. (S. 403)

Als *Stolz und Vorurteil* erschien, arbeitete Austen schon an ***Mansfield Park***, das im Mai 1814 auf den Markt kam: Austens dritter Roman entstand zwischen Februar 1811 und Juli 1813 und kam wieder anonym (»by the author of *Sense and Sensibility* und *Pride and Prejudice*«) in drei Bänden auf den Markt.

Der Roman spielt weitgehend auf dem Herrensitz von Sir Thomas Bertram in Northampton. Hier lebt die siebzehnjährige Fanny Price seit ihrem zehnten Lebensjahr als arme Nichte in der vornehmen Familie ihres Onkels und wird von ihrer hartherzigen Tante Mrs. Norris ständig getadelt und unterdrückt. 1991 ist das sogar als ein Fall von Kindesmisshandlung interpretiert worden. Ihr Vetter Edmund, den sie ebenso heimlich wie beharrlich liebt, und ihre beiden Cousinen, Julia und die verlobte Maria, werden durch den Charme der reichen Geschwister Henry und Mary Crawford zu gefährlichen Liebesabenteuern verleitet, die unerwartete, bedenkliche Wendungen nehmen …

Austen hat die Ausbildung und Einsetzung des Pfarrers (»ordination«) als Thema von *Mansfield Park* bezeichnet, und tatsächlich durchziehen Gespräche und Kommentare über den geistlichen Beruf das Buch. Aber trotz dieser Thematik und Edmunds Entwicklung ist *Mansfield Park* die Geschichte Fannys. Vom willfährigen, schüchternen Mädchen wächst sie zu einer entschlossenen, gebildeten, nachdenklichen, integren jungen Frau heran, die selbst in komplizierte, bestürzende Liebesabenteuer verwickelt wird. Anders als Austens Zeitgenossen, die Fanny meist schätzten, sieht die moderne Kritik sie als heuchlerisch und liebedienerisch, ohne dabei allerdings ihre sozial niedrige Position genügend zu berücksichtigen.

Fannys ›Nemesis‹, ihre Tante Norris, ist die einzige wirklich durch und durch bösartige Person in Austens Romanwerk: eine heuchlerische, manipulative, raffgierige, gnadenlose Witwe mit einem pervertierten Verständnis des Christentums. Auch die adlige und die vornehme bürgerliche Gesellschaft wird von Austen kritisiert. Drei der vier vornehmen Bertram-Kinder sind moralisch korrumpierbar, während drei der armen

Price-Kinder moralisch integer sind. Ein kritisches Schlaglicht fällt in dem Roman auf die dubiose Basis von Sir Thomas' Reichtum. Er lebt offenbar als Sklavenhalter von seinen Besitzungen in der Karibik.

Ende 1815 erschien als Austens vierter Roman zu Lebzeiten ***Emma***: Austen schrieb den Roman zwischen dem 21. Januar 1814 und dem 29. März 1815. Der angesehene Verleger John Murray veröffentlichte ihn anonym (»by the Author of *Pride and Prejudice*, etc. etc.«) in drei Bänden.

Austens komplexester und reichster Roman ist eine kunstvoll strukturierte Komödie der Irrungen, die dem zentralen Motiv der sinnvollen Ehe eine neue Wendung gibt. Die reiche, liebenswürdige und menschliche, aber auch snobistische und manipulative einundzwanzigjährige Emma Woodhouse, die ›first lady‹ des »fast städtischen Dorfes« (S. 8) Highbury in Surrey, hat – anders als ihr seniler Vater, der am liebsten alle Ehen verhindern möchte – das ›Hobby‹, für die Menschen ihrer Umgebung Heiratspläne zu schmieden. Sie glaubt, die Gefühle und Wünsche ihrer Mitmenschen zu kennen, aber ihre psychologische Blindheit führt zu einer Reihe von Irrtümern und Beinahe-Katastrophen. Der gutaussehende Pastor Elton will sie selbst heiraten und nicht, wie Emma sich einbildet, ihre arme, uneheliche Freundin Harriet Smith, der sie unklugerweise die Ehe mit dem Pächter Mr. Martin ausgeredet hat. Zu ihrer Überraschung und ihrem Entsetzen macht Elton ihr in angetrunkenem Zustand einen Heiratsantrag, den sie in einer der dramatischsten Dialog-Szenen Austens empört ablehnt. Als der charmante, hochvornehme Frank Churchill und die arme Miss Fairfax in Highbury auftauchen, nehmen Emmas Heiratspläne für die anderen unerwartete Entwicklungen ... Jane lebt bei ihrer verarmten Großmutter und Tante, der geschwätzigen, naiven ›alten Jungfer‹ Miss Bates – eine von Austens beliebtesten und gelungensten Gestalten. Wird auch Emma in das kaleidoskopische Liebesgeschehen hineingezogen? Wie in *Mansfield Park* das Sotherton- und das Theaterspiel-Kapitel bringen hier die Erdbeer-Party in ›Donwell‹, dem Besitz von Mr. Knightley, dem noblen achtunddreißigjährigen Grundbesitzer des Ortes, und der Ausflug nach Box Hill den größten Teil des Personals zu spannungsreichen Auseinandersetzungen zusammen.

»Es ist ein seltenes Vergnügen, eine Fuge zu lesen, und *Emma* ist der seltene Roman, der dieses Vergnügen bereitet« (Joseph Wiesenfarth). Dem wechselnden Spiel von Spekulationen über angebliche Liebesbeziehungen entspricht eine den Roman durchziehende Kette von Vermutungen, Rätseln, geheimen Wünschen und Abmachungen, die falsche Fährten setzen und *Emma* zu einem Detektivroman ohne Mord machen. *Emma* ist der einzige Roman Austens, der an einem einzigen Ort spielt. Das Dorf ist ein ganzer gesellschaftlicher und menschlicher Kosmos von den reichsten Familien über den Mittelstand mit Pastor und Kaufleuten bis zu den Farmern und Armen und sogar zu den Vagabunden, von den nobelsten bis zu dem missgünstigsten, von den klarsichtigsten bis zu den irregeleitetsten, von den raffiniertesten bis zu den naivsten Menschen. Der Heldin selbst – »schön, aufgeweckt und reich« (S. 5) – gelingt es erst im Laufe des Romans, den Selbstwert ihrer Mitmenschen anzuerkennen, die sie bisher als Spielmaterial für ihre Heirats-Fantasien missbraucht hat. Geschrieben gegen Ende der Napoleonischen Kriege, enthält der Roman in dem Gegensatz zwischen dem Repräsentanten französischen Leichtsinns und oberflächlicher Höflichkeit Frank Churchill und dem vertrauenswürdigen, menschlichen englischen Gentleman George Knightley ein diskretes anti-französisches Element.

Kostprobe 3

Die redselige, naive, ältliche Miss Bates betritt mit ihrer hübschen Nichte Jane den Saal der »Krone«, in dem die Westons einen Ball veranstalten:

»Zu liebenswürdig von Ihnen! Nein, gar kein Regen, nicht der Rede wert. Mir macht es gar nichts aus. Ganz dicke Schuhe. Und Jane behauptet ... Also«, sie erschien in der Tür, »ich muss schon sagen, nicht wahr! Das nenne ich eine Pracht! Das nenne ich bewundernswert! Großartig arrangiert, ich muss schon sagen. Nichts fehlt, ich ahnte ja nicht ... Und solch herrliche Beleuchtung! Jane, Jane, sieh nur! Hast du schon jemals ...? Oh, Mr. Weston, Sie müssen wirklich Aladins Wunderlampe besitzen. Die gute Mrs. Stokes erkennt ihren eigenen Saal nicht wieder. Ich sah sie, als ich hereinkam; sie stand im Eingang. ›Oh, Mrs. Stokes‹, sagte ich, aber zu mehr war keine Zeit.« Sie wurde nun von Mrs. Weston empfangen. »Ausgezeichnet, ich bedanke mich, Ma'am. Ich hoffe, Ihnen auch. Das freut mich aber wirklich. Und ich fürchtete schon, Sie hätten womöglich Migräne. Ich sah Sie so oft vorbeigehen, und bei all den Vorbereitungen, die Sie gehabt haben müssen, nicht wahr. Das freut mich aber zu hören. Ah, meine liebe Mrs. Elton, die Kutsche, zu liebenswürdig von Ihnen, auf die Minute, Jane und ich gerade fertig. Die Pferde brauchten kaum zu warten. Und die Kutsche, so bequem. Oh! Und bei Ihnen müssen wir uns auch dafür bedanken, Mrs. Weston. Mrs. Elton hatte freundlicherweise eine Nachricht geschickt, sonst hätten wir gewiss ... Und zwei solche Angebote an *einem* Tag! Wo findet man solche Nachbarn? Ich sagte zu meiner Mutter: ›Ich muss schon sagen, Mutter ...‹ – Ich bedanke mich, meiner Mutter geht es ausgezeichnet. Sie ist bei Mr. Woodhouse. Sie hat ihr neues Umschlagtuch mitgenommen, auf meinen Rat, denn die Abende sind doch noch kühl, ihr großes neues Umschlagtuch, ein Geschenk von Mrs. Dixon, anlässlich ihrer Hochzeit. Wie reizend von ihr, an meine Mutter zu denken! In Weymouth gekauft, nicht wahr, Mrs. Dixons Wahl. Es gab noch drei andere, sagt Jane, sie haben lange geschwankt. Oberst Campbell war mehr für olivgrün. Meine liebe Jane, hast du dir auch keine nassen Füße geholt? Es waren nur drei Tropfen, und ich bin immer so ängstlich, aber Mr. Frank Churchill war so außerordentlich ... und da war eine Matte zum Drauftreten. Seine Höflichkeit, unvergesslich. Oh! Mr. Frank Churchill, was ich Ihnen noch erzählten wollte: Die Brille meiner Mutter ist wie neu, [...]. Meine Mutter spricht so oft von Ihrer Liebenswürdigkeit, nicht wahr, Jane? Sprechen wir nicht oft von Mr. Frank Churchill? Ah, da ist Miss Woodhouse! Meine liebe Miss Woodhouse, wie geht es Ihnen? Ausgezeichnet, ich bedanke mich, sehr gut. Dies ist ein Abend wie im Märchenland. Was für eine Verwandlung! Man soll keine Komplimente machen, nicht wahr« – sie betrachtete Emma sehr wohlgefällig –, »das wäre unhöflich, aber ich muss schon sagen, Miss Woodhouse, Sie sehen wirklich ... Wie gefällt Ihnen Janes Frisur? *Sie* können es beurteilen. Ganz ihr eigenes Werk, ganz wundervoll, wie sie sich frisiert, nicht wahr? Kein Londoner Friseur ... Ah, Dr. Hughes, wie ich sehe ... und Mrs. Hughes! Ich muss ein Wort mit Dr. und Mrs. Hughes sprechen. Wie geht's? Wie geht's? Sehr gut, ich bedanke mich. Dies ist großartig, nicht wahr? Wo ist der liebe Mr. Richard? Oh, da ist er ja! Stören Sie ihn nicht, er spricht gerade mit den jungen

Damen, so beschäftigt. Wie geht es Ihnen Mr. Richard? Ich sah Sie neulich, als Sie durch die Stadt ritten. Mrs. Otway, wie ich sehe, und der gute Mr. Otway und Miss Otway und Miss Caroline! So viele gute Freunde! Und Mr. George und Mr. Arthur! Wie geht es Ihnen? Wie geht es Ihnen allen? Ausgezeichnet, zu liebenswürdig von Ihnen, noch nie so gut. Höre ich nicht die nächste Kutsche? Wer kann es sein? Vermutlich die guten Coles. Ich muss schon sagen, wie reizend, mitten unter so vielen Freunden zu stehen. Und solch ein stattliches Feuer! Mir wird richtig heiß. Kein Kaffee, danke, nicht für mich, ich trinke keinen Kaffee, ein bisschen Tee, wenn ich bitten darf, Sir, etwas später, keine Eile. – Oh! Da ist er schon! Alles großartig!« (S. 381–383)

Nach Austens Tod erschienene Werke

Austens Bruder Henry betreute kurz nach ihrem Tod die Veröffentlichung ihrer beiden noch nicht veröffentlichten Romane: *Überredung* und das frühe ***Kloster Northanger*** (*Northanger Abbey*): Der Roman wurde 1797/98 unter dem Titel *Susan* entworfen, laut »Avertissement der Autorin zu *Kloster Northanger*« in der Erstausgabe »1803 abgeschlossen« und unmittelbar darauf einem Londoner Verleger angeboten. Er akzeptierte das Buch für 10 Pfund und kündigte es an, ohne es jedoch zu veröffentlichen. Austen erkundigte sich am 5. April 1809 bei dem Verleger nach dem Schicksal ihres Manuskriptes. Er antwortete: »Das Manuskript ist Ihres für die Summe, die wir dafür bezahlt haben.« (*Briefe*, S. 125) Wahrscheinlich im Frühjahr 1816 kaufte sie es zurück und änderte den Titel zu *Catherine.* Aber dann stellte sie die weitere Arbeit daran zugunsten von *Überredung* zurück.

Die noch recht naive siebzehnjährige Catherine Morland wird von dem Ehepaar Allen zu einem Aufenthalt in Bath eingeladen und gerät dort in Liebesabenteuer und gefährliche freundschaftliche Beziehungen. Die Verlobung ihres Bruders James mit ihrer neuen Freundin Isabella Thorpe inspiriert deren Bruder John, einen ungehobelten Aufschneider, dazu, ihr einen hilflosen Heiratsantrag zu machen. Sie aber verliebt sich in den charmanten und ironischen Henry Tilney, Austens geistreichsten Helden. Da sie mit ihrer neuen Freundin zu viele Schauerromane (*gothic novels*) liest, erlebt sie die Welt gewissermaßen als Schauerroman. Die Autorin parodiert dabei vor allem Ann Radcliffes wahrhaft schauerlichen 800 Seiten langen Roman *Die Geheimnisse Udolphos* (1792).

Als Henrys Vater Catherine einlädt, die Familie nach Northanger in Gloucestershire zum alten, unheimlichen Herrenhaus der Familie, einem umgebauten Kloster, zu begleiten, glaubt Catherine sich in einem Schauerroman zu befinden und verwechselt mit ihrer überhitzten Fantasie Fiktion und Realität. Sie hört außerdem Bestürzendes aus Bath …

Kloster Northanger entwirft ein treffendes Bild des eleganten Lebens im modischen Bath. Austens parodistisches Spiel mit dem Gegensatz zwischen der grauenhaften Fantasiewelt des Schauerromans und dem angeblich nüchternen, rationalen zeitgenössischen England enthüllt problematische menschliche Haltungen in Austens eigener Zeit. Catherines spannungsreiches ›Doppelleben‹ macht sie zu einer komplexen Heldin. Austens Befürchtung, dass ihr Buch zu spät komme, weil die Mode des Schauerromans sich 1817 überholt habe, hat sich nicht bewahrheitet: Ihr Roman hat die meisten Schauerromane überlebt.

Der zweite postum erschienene Roman ist der erst 1815/16

entstandene **Überredung** (*Persuasion*): Austen begann ihren letzten vollendeten Roman am 8. August 1815 und schloss ihn am 6. August 1816 ab. Er erschien ein halbes Jahr nach ihrem Tod, Ende 1817, zusammen mit *Kloster Northanger* bei John Murray anonym (»by the Author of *Pride and Prejudice*, *Mansfield Park*, etc.«) in vier Bänden. Die von ihrem Bruder Henry stammende ungezeichnete biographische Notiz darin ist die erste öffentliche Information über die Autorin. Austen ersetzte den ursprünglichen Schluss von *Überredung* durch zwei neue Kapitel. Die erste Version ist das einzige erhaltene Originalmanuskript von Austens Romanen.

Der Roman beginnt melancholisch. Der grenzenlos eitle, verschuldete Sir Walter Elliot ist gezwungen, sein Herrenhaus an Admiral Croft zu vermieten und mit seiner hochmütigen ältesten Tochter Elizabeth und deren Freundin, der verwitweten Mrs. Clay, nach Bath zu ziehen. Hat diese Absichten auf den ebenfalls verwitweten Sir Walter? Seine zweite Tochter Anne hat vor sieben Jahren den Heiratsantrag des damals mittellosen, attraktiven Marineoffiziers Frederic Wentworth auf Anraten ihrer mütterlichen Freundin Lady Russell abgelehnt, obwohl sie ihn liebte:

> Ihre Liebe und ihr Bedauern hatten lange Zeit jede jugendliche Heiterkeit überschattet und einen bleibenden vorzeitigen Verlust von Blüte und Lebensfreude zur Folge gehabt. [...] Man hatte ihr in ihrer Jugend *Lebensklugheit* aufgezwungen; was *romantische Liebe* bedeutet, begriff sie erst, als sie älter wurde – die natürliche Entwicklung eines unnatürlichen Anfangs. (S. 35, 38)

Bei ihrer jüngeren Schwester Mary und deren angeheirateter

Familie, den Musgroves, begegnet sie dem unterdessen zu Reichtum gekommenen Kapitän Wentworth nach dem Ende der Napoleonischen Kriege wieder. Seine Schwester und ihr Mann Admiral Croft sind als Mieter in Sir Walters Haus eingezogen. Peinlichkeit und Unsicherheit herrscht bei den beiden ehemals Verlobten. Anne glaubt ihn an eine der beiden Musgrove-Töchter verloren zu haben, und ihre Befürchtungen scheinen in Lyme Regis an der Südküste Englands zur Gewissheit zu werden. Dort begegnet sie auch zum ersten Mal dem Erben ihres Vaters, ihrem attraktiven Cousin William Walter Elliot. Als Annes Familie, die Musgroves, die Crofts, Anne selbst und die beiden Männer in Bath wieder aufeinandertreffen, ergeben sich prekäre Begegnungen und Spannungen …

Anne Elliot ist – zusammen mit Fanny Price in *Mansfield Park* – Austens makelloseste Heldin und steht ihr altersmäßig näher als ihre anderen Protagonistinnen. Auch deshalb hat man eine Ähnlichkeit zwischen ihr und der Autorin vermutet. Ihre Begeisterung für die Marine teilt sie sicher mit Austen, deren Brüder Francis und Charles während der Napoleonischen Kriege als Offiziere in der Marine dienten und deren Karriere sie aufmerksam verfolgte. Wentworth ist einer der vier bürgerlichen Marine-Offiziere des Romans, deren Menschlichkeit mit den Standesvorurteilen des herzlosen Adels kontrastiert. Wird sich Anne als Tochter des reaktionären Sir Walter für seine konservative Welt oder für die Marine und damit für die moderne Gesellschaft entscheiden? In ihr beruhen Stolz und Selbstbewusstsein nicht auf ererbtem Besitz, sondern auf selbst erworbenem Ansehen und Geld und auf Verdiensten für das Vaterland.

Austen arbeitete an ihrem letzten Romanprojekt vom 27. Januar bis zum 18. März 1817, aber die schwerkranke Autorin musste es nach zwölf Kapiteln abbrechen. Der Roman sollte laut ihrer Schwester *Die Brüder* heißen, aber der Titel, den ihm Austens Neffe James-Edward Austen-Leigh 1869 in seiner Biographie gab, hat sich durchgesetzt:

Sanditon: Soweit man nach dem ausgedehnten Handlungsbeginn und dem umfangreichen Personenensemble urteilen kann, hätte der abgeschlossene Roman wohl den Umfang von *Mansfield Park* und *Emma* angenommen. Er spielt in dem kleinen Badeort Sanditon an der englischen Südküste, den Lady Denham und Mr. Parker populär machen wollen. Die zweimal verwitwete Lady ist umgeben von drei jungen Verwandten, die von ihrem Reichtum profitieren möchten. Die Parker-Familie besteht aus drei Brüdern und zwei Schwestern, die alle in Sanditon zusammentreffen sollten und zum Teil karikierende Züge haben. Die Handlung beginnt, als Charlotte Heywood als Gast zu den Parkers kommt und sofort von Sir Edward Derham umschwänzelt wird, der sich auf alberne Weise als pseudo-gebildeter, unmoralischer Herzensbrecher aufspielt. Zur selben Zeit macht ein Mädchenpensionat mit drei jungen Damen in Sanditon Urlaub: mit der immens reichen Mulattin Miss Lambe (= Lamm!) aus der Karibik und den beiden mittellosen Misses Beaufort, die auf Männerjagd sind. Anders als bei den beiden anderen Fragmenten, bei denen die Grundzüge der weiteren Handlung bekannt sind, hat die Autorin hier über die weitere Entwicklung nichts verraten.

Die wichtigste Primärquelle zu Austens Leben sind ihre ***Briefe***: Obwohl der größere Teil von Austens Briefen von Familienmitgliedern vernichtet wurde, sind die erhaltenen Briefe die unersetzliche direkte Quelle für Informationen über ihr Leben, Empfinden, Denken, ihren Umgang und ihre Romane. Die größere Anzahl der erhaltenen Briefe ist an Austens

Schwester Cassandra gerichtet und beschäftigt sich vorwiegend mit familiären, persönlichen Angelegenheiten. Sie haben aber bei aller Liebenswürdigkeit auch den ironischen, witzigen, gelegentlich sarkastischen Ton ihrer Romane. Bedauerlicherweise bestehen in der Überlieferung erhebliche zeitliche Lücken, und aus der Zeit vor Januar 1796, also vor dem einundzwanzigsten Lebensjahr der Autorin, hat kein Brief überlebt. Erst in den letzten Jahren ihres Lebens erweiterte sich mit Austens zunehmendem Ruhm auch der Kreis ihrer Korrespondenten.

»Der augenblicklich modische Kompositionsstil«

Die Voraussetzungen für die zunehmende Beliebtheit des Romans um 1800 und die prominente Zahl von weiblichen Autoren liegen in England – und nicht nur dort – in sozialen und kulturellen Entwicklungen des 18. Jahrhunderts: der Entstehung einer breiten, bildungsorientierten Mittelschicht und den neuen Ideen der Aufklärung. Kolonisierung und beginnende Industrialisierung förderten gerade in Großbritannien den internationalen Handel und die Kommerzialisierung. Anders als in der Landwirtschaft waren hier Lesen, Schreiben und Rechnen Voraussetzung für den geschäftlichen Erfolg. In England gab es seit dem Ende des 17. Jahrhunderts keine Zensur mehr, und unter der konstitutionellen Monarchie konnte sich im 18. Jahrhundert eine liberalere Gesellschaft entwickeln als in den meisten kontinental-europäischen Staaten. In ihnen herrschte im 18. Jahrhundert eine Zensur, die nach der Französischen Revolution noch verschärft wurde, exemplarisch in Russland und Österreich. In England dagegen florierten Literatur, intellektueller Diskurs, Theater, Clubs, Zeitungen und Zeitschriften. Zudem sprachen und schrieben Adel und Bürgertum dort – anders als auf dem europäischen Kontinent, wo die bessere Gesellschaft meist auf Französisch kommunizierte – Englisch, korrespondierten auf Englisch und gingen vor allem auf dem Land, wo auch die adligen und die reichen bürgerlichen Familien mindestens das halbe Jahr auf ihren Besitzungen verbrachten, bei allem hierarchischen Bewusstsein relativ zwanglos miteinander um. Der literarischen Entwicklung der englischen Sprache, ihrer Differenzierung und ihrem Reichtum an Vokabular für die menschliche Empfindungswelt kam das zugute.

Jane Austen ist als Romanschriftstellerin im England ihrer Zeit keineswegs eine Ausnahme. In der lebhaften literarischen Szene dort spielten Frauen als Romanciers seit etwa 1780 die entscheidende Rolle. Während die Damen Romane schrieben, blühte mit William Wordsworth, Samuel Taylor Coleridge, John Keats, Lord Byron und Walter Scott in den ersten beiden Jahrzehnten des 19. Jahrhunderts zugleich die von Männern beherrschte romantische Poesie. Wie sehr gerade England als das Land der Romankultur galt, lässt sich an einer Episode in Giacomo Casanovas (1725–1798) *Geschichte meines Lebens* erkennen: Als er 1760 eine Dame, die gerne las, fragte, ob sie Englisch verstehe, antwortete sie: »Ich lese keine Romane.« So selbstverständlich war es für gebildete Europäer der Zeit, England als das Land des Romans zu identifizieren. Obwohl viele konservative und religiöse Kreise um 1800 der Gattung noch feindselig gegenüberstanden, wurden Romane gegen Ende des 18. Jahrhunderts immer populärer und durch die entstehenden Leihbüchereien auch weniger finanzkräftigen Lesern zugänglich. (Die in Austens Nachbarschaft von Mrs. Martin eröffnete Leihbücherei ging allerdings mit finanziell katastrophalen Folgen für die Besitzerin bald wieder ein.) Romane galten vielfach als vulgär, eskapistisch, moralisch bedenklich und intellektuell minderwertig. Angeblich zersetzten sie die Moral der Gesellschaft und gaben den heranwachsenden Mädchen extravagante romantische Vorstellungen ein, die ihnen ein falsches Bild von der Wirklichkeit und ihrer tatsächlichen Lage und Rolle in der Gesellschaft vermittelten.

Vor dem Vorwurf, ihre Zeitgenossinnen zu korrumpieren, schützten sich die Schriftstellerinnen durch unterschiedliche Strategien. Einige von ihnen machten das Lesen von Romanen in ihren eigenen Werken verächtlich. Die von Austen geschätzte Maria Edgeworth etwa schrieb in *Belinda* (1801) über eine Sechzehnjährige, die mit einem »leichtsinnigen Offizier« durchgebrannt ist, »sie war durch frühe Romanlektüre verdorben«. Ganz ähnlich, nun aber ironisch gewendet, spricht Austen über den angeblich bedenklichen Einfluss der Romanliteratur in *Sanditon*:

> Charlotte [...] war eine sehr vernünftige junge Dame, die gerade so viel Romane las, dass sie von ihnen auf angenehme Weise unterhalten wurde, ohne auf unvernünftige Weise beeinflusst zu werden. (S. 190)

Henry Tilney in *Kloster Northanger* spricht Austen zweifellos aus dem Herzen, wenn er sagt:

Auf der Basis eines »geistlichen Barometers« von +70 bis -70, das 1800 im *Evangelical Magazine* veröffentlicht wurde, um den Menschen einen Maßstab für die christliche Gesinnung ihres Lebens zu geben, zeigt diese Graphik, mit welchem Widerstand der Roman und das Theater zu dieser Zeit in konservativen, christlichen Kreisen noch zu rechnen hatten.

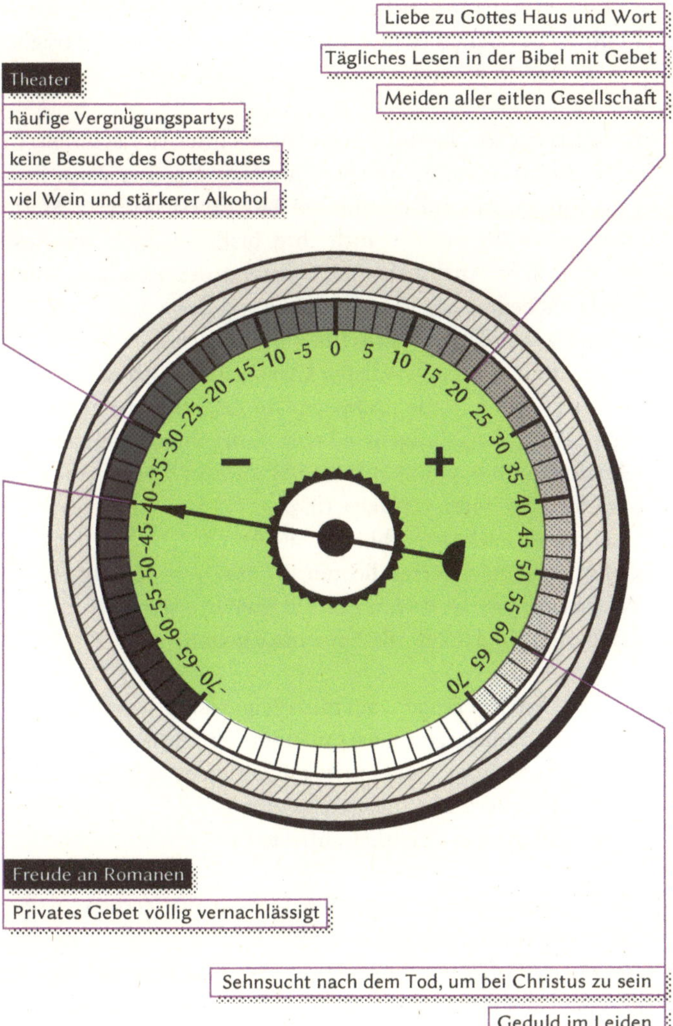
Liebe zu Gottes Haus und Wort
Tägliches Lesen in der Bibel mit Gebet
Meiden aller eitlen Gesellschaft
Theater
häufige Vergnügungspartys
keine Besuche des Gotteshauses
viel Wein und stärkerer Alkohol
-70 -65 -60 -55 -50 -45 -40 -35 -30 -25 -20 -15 -10 -5 0 5 10 15 20 25 30 35 40 45 50 55 60 65 70
–
+
Freude an Romanen
Privates Gebet völlig vernachlässigt
Sehnsucht nach dem Tod, um bei Christus zu sein
Geduld im Leiden

> Ein Leser, ganz gleich, ob männlich oder weiblich, der an guten Romanen kein Vergnügen hat, muss unerträglich dumm sein. (S. 115)

Die Autorin attackiert die »Heuchelei« ihrer Kolleginnen, die selbst Romane veröffentlichen, die Gattung aber dann darin verdammen, in dem berühmten Literatur-Exkurs in *Kloster Northanger.* Er enthält auch ihre bisher selbstbewussteste Aussage über Anspruch und Substanz des Romans. Dieser werde als bedeutungslose Unterhaltung desavouiert, tatsächlich aber handele es sich um ein literarisches Genre, »in dem [...] die eindrucksvollsten Geisteskräfte sich entfalten, in dem der Welt [...] die umfassendste Kenntnis der menschlichen Natur, die gelungenste Darstellung ihrer Spielarten, die lebhafteste Fülle von Esprit und Humor in der gewähltesten Sprache dargeboten werden«. (S. 34)

Da es als leicht anrüchig galt, als Romanschriftstellerin bekannt zu sein, veröffentlichten die meisten von ihnen ihre Werke anonym. Geradezu panisch reagierte Mary Brunton auf den bloßen Gedanken, als Autorin zu gelten:

> Dass man mit Fingern auf mich zeigt – dass man mich kennt und über mich redet – dass man mich literarischer Ambitionen verdächtigt – dass man mich meidet, wie man es mit Schriftstellerinnen macht ... meine Liebe, ich würde lieber als Seiltänzerin öffentlich auftreten.

Auch Austens vier zu Lebzeiten erschienene Romane trugen auf dem Titelblatt lediglich die Bezeichnung »by a lady« oder »by the author of ...«. »By a lady« – das signalisierte Anstand und Zivilisiertheit. Aber »das Geheimnis« ihres Namens, gestand sie 1815 amüsiert und resigniert, »war nur noch der Schatten eines Geheimnisses« (*Briefe*, S. 162). Als Austens etwa fünfzehnjähriger Neffe James-Edward erfuhr, dass seine Tante schon drei Romane veröffentlicht hatte, schrieb er ein Gedicht zu ihren Ehren:

> Ich war überrascht, die Luft blieb mir weg,
> Ich bekam, liebe Tante, einen furchtbaren Schreck
> Wie das arglose Schwein, das der Fleischer ersticht,
> Als ich erfuhr, dass Verwandtschaft ich habe,
> Die Bücher zu schreiben hat die glänzende Gabe,
> Die ganz England jetzt liest – ich ahnte es nicht.

James-Edward beendet sein Poem, indem er Jane eine glänzende Zukunft verheißt. Sollte der Prinzregent von ihrem Talent erfahren,

> Dann macht er zur Gräfin dich ohne Frage,
> Und zwar zur Belohnung – ich weiß es genau –,
> Und wenn die Prinzessin beschließt ihre Tage,
> Dann macht er dich sicher zu seiner Frau. (*Briefe*, S. 152)

Bei der Diskretion der Autorinnen konnte auch Rücksicht auf die eigene Familie eine Rolle spielen. Nicht alle Eltern oder Geschwister waren von den literarischen Ambitionen und Aktivitäten ihrer Tochter oder Schwester begeistert. Bezeichnenderweise stellt Edgeworths Vater ihrem Roman *Patronage* ein Avis »An den Leser« voraus:

> Meine Tochter bittet mich wieder um mein väterliches Imprimatur, und ich hoffe, es ist nicht Parteilichkeit, die

mich dazu bewegt, ihr die Zustimmung zu geben, die sie benötigt.

Wenn die Autorinnen ihre Werke völlig anonym veröffentlichten, also anders als Austen ihre weibliche Identität ganz verheimlichten, hatte das auch den Vorteil, dass die ahnungslosen Kritiker sie ernst nahmen, denn diese neigten dazu, aus männlichem Überlegenheitsgefühl weibliche Autoren abfälliger oder strenger zu rezensieren. In Austens Familie verachtete man das Lesen von Romanen keineswegs. Hier las sogar der Vater, der immerhin Pfarrer war, Schauerromane. Austen verfolgte auch die Werke ihrer Kolleginnen und Konkurrentinnen mit großem Interesse und kommentierte sie in ihren Briefen anerkennend oder kritisch, kannte allerdings keine einzige von ihnen persönlich.

Austens Jahre als Romancier umfassen zugleich die erste bedeutende Phase der von Autorinnen dominierten Romanliteratur in England. Das verbindende Element der meisten von Autorinnen geschriebenen Romane ist die zentrale junge Frauengestalt. Es war allerdings ein Mann, der dieses charakteristische Phänomen um die Mitte des 18. Jahrhunderts etablierte: Samuel Richardson (1689–1761) mit seinen drei langen, aber populären Briefromanen *Pamela: Or, Virtue Rewarded* (1740), *Clarissa: Or, History of a Young Lady* (1748) und *The History of Charles Grandison* (1753). Mit seinen ersten beiden Romanen führte Richardson auch die Mode ein, Romane nach der ›Heldin‹ zu benennen. So gibt es etwa

- bei Charlotte Lennox (um 1729/30–1806) *Henrietta* (1758), *Sophia* (1762) und *Euphonia* (1790);
- bei Fanny Burney (1752–1840) *Evelina* (1778), *Cecilia* (1782) und *Camilla* (1796);

- bei Sarah Harriet Burney (1770?–1844) *Clarentine* (1798);
- bei Maria Edgeworth (1768–1849) *Belinda* (1801) und *Helen* (1834);
- bei Charlotte Smith (1749–1806) *Emmeline* (1798).

Folgte auch Austen diesem Trend? Ja und nein. Zwei ihrer Romane haben als Titel Frauennamen, aber beide sind nicht exotisch oder ausgefallen, sondern alltäglich: *Lady Susan* und *Emma*. Austens Namen sind also offenbar Teil ihres realistischen Konzepts, alltägliche Personen und Begebenheiten zu schildern. Extravagante Namen verwendet sie nur zur Charakterisierung extravaganter Gestalten. So heißt in *Emma* Mr. Eltons hochgestochene, aber vulgäre Frau prätentiös Augusta, also ›die Erhabene‹.

Der Frauenroman der Zeit (im doppelten Sinn des Wortes) trat in drei Varianten auf, die sich meist überschneiden:

- als Roman einer Liebe, die auf Umwegen zur Heirat führt (*novel of courtship*),
- als Gesellschaftsroman (*novel of manners*) und
- als Schauerroman (*gothic novel*).

Die Schauerromane spielen nicht im aufgeklärten, zivilisierten England, sondern in der Vergangenheit und auf dem Kontinent: in Deutschland mit seinen dunklen Wäldern und mittelalterlichen Burgen oder in den südeuropäischen Ländern Frankreich, Italien und Spanien, wo in der Fantasie der Engländer der Aberglaube und ein rigoroser, unmenschlicher Katholizismus herrschen. Einen Roman der erfolgreichsten Autorin des Genres, Ann Radcliffe (1764–1823), benutzt Austen in *Kloster Northanger* als parodistische Folie für die Abenteuer ihrer Heldin. Radcliffes umfangreiche Bücher verbinden die grässlichen Erlebnisse einer jungen Frau und ihre Verfolgung durch einen ›Bösewicht‹, der ihr ihre Unschuld rauben oder sich ihr Erbe erschleichen will, mit ihrer Liebesgeschichte. Sie wird am Ende mit der Hand des edlen Mannes belohnt, der ihr die Treue bewahrt hat.

Austens Romane sind wie die der meisten ihrer Kolleginnen Kombinationen der ersten beiden Typen. In ihnen ist die Liebeshandlung eingebettet in ein Panorama des gesellschaftlichen Lebens mit seinen komplexen, sich wandelnden Standesbeziehungen und -unterschieden, die häufig kritisch beleuchtet werden.

Wie sah Jane Austen aus?

Es gibt nur ein authentisches Porträt von Jane Austen, aber einige Beschreibungen von Zeitgenossen sind erhalten.

Ihr Bruder Henry schrieb kurz nach ihrem Tod leicht idealisierend:

»Ihre Figur war ausgesprochen elegant. Sie hätte, ohne das Mittelmaß zu überschreiten, nicht größer sein dürfen. Ihre Haltung und Gestik waren verhalten, aber graziös. Alle ihre Züge waren angenehm und bildeten zusammen ein getreues Spiegelbild der Heiterkeit, Empfindsamkeit und Güte, die ihre Persönlichkeit auszeichnete. Ihr Teint war von seltener Klarheit.«

Ihre Nichte Anna – bei Janes Tod 24 Jahre alt – erinnerte sich:

»Von Gestalt groß und schlank, aber nicht gebeugt, und gut balanciert, wie ihr schneller Schritt bewies. Ihr Teint war von der seltenen Art, die nur helle brünette Frauen auszeichnet: eine ungleichmäßige Haut, aber klar und gesund. Das feine, natürlich gelockte Haar weder blond noch dunkel, das wache, haselbraune Auge dazu passend, und eine ziemlich kleine, aber wohlgeformte Nase.«

Cassandra Austen: Porträt von Jane Austen (1810)

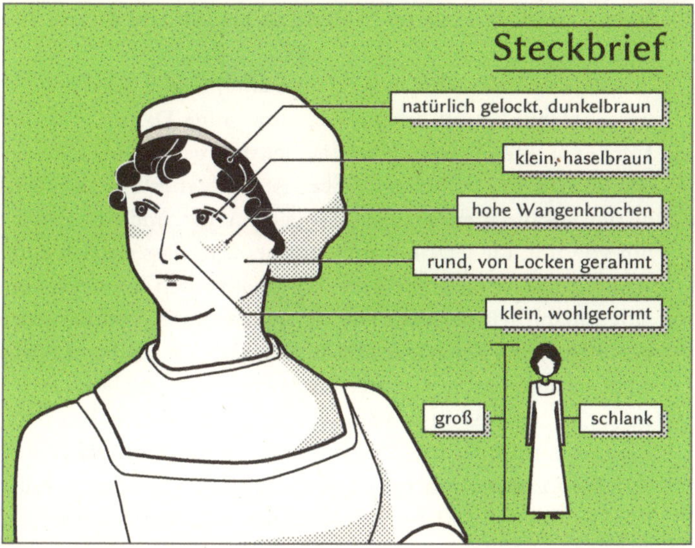

Annas jüngere Halbschwester Caroline, die bei Janes Tod allerdings erst 12 Jahre alt war, schrieb viele Jahre später:

»Ihr Gesicht war eher rund als lang – ihre Haut war von heller, aber nicht rosiger Farbe – ein klarer, brauner Teint und sehr schöne haselnussbraune Augen – Sie war, glaube ich, keine eindeutige Schönheit, aber bevor sie Steventon verließ, galt sie im Urteil der meisten ihrer Nachbarn als sehr hübsches Mädchen [...]. Ihr Haar, ein dunkles Braun, war von Natur lockig – es lag in kurzen Locken um ihr Gesicht.«

Diesen Skizzen von Familienmitgliedern kann man zwei von distanzierteren Personen gegenüberstellen, die Austen offenbar etwas kritischer sahen:

Mary Russell Mitford (1787–1855) an Sir William Elford, Februar 1815:

»Miss Austen selbst ist jetzt eine alte Jungfer (ich bitte Sie um Entschuldigung: ich meine, eine junge Dame), mit der Mama vor ihrer eigenen Hochzeit bekannt war. Mama sagt, sie war damals der hübscheste, albernste, affektierteste, heiratslustigste Schmetterling, den sie je gekannt hat, und eine Freundin von mir, die jetzt mir ihr umgeht, sagt, dass sie sich zum senkrechtesten, ordentlichsten, schweigsamsten Exemplar von Unvermähltheit versteift hat, das je existierte, und dass sie, bevor *Stolz und Vorurteil* enthüllte, was für ein kostbarer Edelstein in dem harten Gehäuse verborgen war, in Gesellschaft als nichts anderes angesehen wurde als ein Feuerhaken oder Kaminschirm oder irgendein anderes dünnes und aufrechtes Stück Holz oder Eisen, das friedlich und still eine Ecke ausfüllt. Jetzt ist der Fall anders. Sie ist immer noch ein Feuerhaken, aber einer, vor dem alle Angst haben. Man muss zugeben, dass das schweigende Beobachten einer solchen Beobachterin fürchterlich ist.«

Charlotte-Maria Middleton, die als Mädchen von 1808 bis 1813 in Edwards Herrenhaus in Chawton wohnte, kannte die Austens gut:

»Ich erinnere mich an sie als eine große, magere Frau mit sehr hohen Wangenknochen und kräftiger Gesichtsfarbe, funkelnden, nicht großen, aber fröhlichen und intelligenten Augen […]. Wir sahen sie oft. Kindern gegenüber war sie der verständnisvollste und gutmütigste Mensch, Fremden gegenüber aber ein bisschen steif und kühl. Bei Dinnerpartys saß sie immer am Tisch, ohne viel zu sagen, wobei sie wahrscheinlich Material für ihre reizenden Romane sammelte«.

»Häusliche Szenen auf dem Lande«

Einige der Autorinnen zwischen 1800 und 1820 verkauften erheblich mehr Exemplare ihrer Bücher und wurden wesentlich besser bezahlt als Austen. Wie Joannis Vermeer thematisch und technisch vieles mit den anderen holländischen Malern des 17. Jahrhunderts teilt und sie doch überragt, so ähneln Austens Werke in vielem denen ihrer Zeitgenossinnen, und doch ist sie einmalig. Aber wenn sie zu ihrer Zeit nur eine unter einer ganzen Anzahl von Romanschriftstellerinnen war, was macht zweihundert Jahre später ihre Einmaligkeit aus?

- Keine ihrer Kolleginnen wird heute von einer großen, begeisterten Anhängerschaft gelesen,
- keine ist eine Kultfigur mit Memorabilia-Läden,
- keine ist wie sie auf einer englischen Banknote abgebildet,
- von keiner ist der Vorname zum ›Abzeichen‹ ihrer Anhänger (›Janeites‹) geworden,
- keine wird von der Literaturwissenschaft so intensiv erforscht,
- über keine gibt es Karikaturen in den Zeitungen,
- keine inspiriert zu Fortsetzungen ihrer Romane,
- von keiner gibt es Verfilmungen ihrer Romane, geschweige denn fantasievoll ausgeschmückte Episoden ihres Lebens.

Mit einem Werk von nur sechs Romanen, deren Originalität und Zauber nicht spektakulär, sondern diskret ist, hat Austen in der englischen Literatur einen einzigartigen Status. Ihre literarische Begabung, ihre psychologische Durchdringung der Charaktere, ihre Subtilität und Beherrschung des künstlerischen ›Handwerks‹ überragen nicht nur die ihrer zeitgenössischen Kolleginnen, sondern die der meisten englischen Romanciers.

Sie ist der Glücksfall einer Autorin, die Leserfreundlichkeit mit hohem künstlerischem Niveau verbindet und daher das elementare Leservergnügen ebenso befriedigt wie die literaturwissenschaftliche Forschung. Austens Leserschaft umfasst von Liebhabern romantischer Liebesgeschichten über Studierende und akademisch ausgebildete Schichten bis zu spezialisierten Literaturwissenschaftlern ein erstaunlich breites Spektrum der Bevölkerung.

Alle Erzählwerke beruhen auf der Fähigkeit ihrer Autoren, Worten Leben einzuhauchen, zu suggerieren, dass ein Text eine Realität repräsentiert. Menschen, Landschaften, Tiere, Emotionen usw., die nur als Sprache existieren, werden im Bewusstsein der Leser in Wirklichkeit verwandelt. Auf einer elementaren Ebene beruht alles Lesevergnügen auf dem Miterleben dieser suggerierten dreidimensionalen Welt, auf der vollkommenen Verwandlung von Sprache in Leben. Im Idealfall glauben die Leser nach der Lektüre eines Romans, dessen Menschen zu kennen, sie können ihre sprachlichen Eigenarten – etwa Mr. Eltons »ganz unbedingt« oder Mrs. Eltons »innerer Reichtum« in *Emma* – und ihre Gesten übernehmen oder sich sogar einbilden, ihnen in ihrem eigenen Leben zu begegnen. Auf dieser Bereicherung, dieser Vervielfältigung der *einen* nicht-fiktiven Welt, in der alle Leser leben, beruhen Reiz und auch Einfluss der fiktionalen Literatur. Je größer die verbale Suggestionskraft der Romanciers, desto lebendiger erscheinen ihre Erzählungen. Mangelt es den Romanciers an Erzählvermögen oder übertreiben sie die dargestellte Wirklichkeit, dann entsteht *sentimentale* oder einfach *schlechte* Literatur. Austen gehört zu den großen Autoren der Weltliteratur, denen diese Umsetzung des Wortes in erlebbare Wirklichkeit vollkommen gelungen ist.

Sie erreichte eine in der englischen Literatur bis dahin nicht gekannte realistische Lebensechtheit ohne sensationelle Handlungselemente. Ihren Zeitgenossen fiel dies durchaus auf:

> Kein Ertrinken, keine Feuersbrünste, auch keine durchgegangenen Pferde, keine Schoßhunde oder Papageien, keine Zofen und Modistinnen, auch keine zufälligen Wiederbegegnungen und Vermummungen. Ich glaube wirklich, es ist der glaubwürdigste Roman, den ich je gelesen habe,

schrieb Lord Byrons spätere Frau Annabella Milbanke nach der Lektüre von *Stolz und Vorurteil*. Ähnlich bemerkte Sir Walter Scott: »Keine dunklen Gänge, keine geheimen Gemächer, kein heulender Wind in langen Galerien, keine Blutstropfen an rostigen Dolchen«. Man möchte ergänzen: keine Sentimentalität und keine Ströme von Tränen. Auch einem anonymen Rezensenten fiel das Neue an Austens letzten beiden Romanen auf:

> Durch welche endlose Reihe von finsteren Höhlen, langen gewundenen Gängen, geheimen Falltüren müssen wir [sonst] hindurch – bald in der Inquisitionszeit und bald in einer heiteren modernen Gesellschaft; jetzt im Ostflügel einer alten Burg in den Pyrenäen und jetzt unter Banditen.

1816 fasste Austens hellsichtigster zeitgenössischer Kritiker, Walter Scott, in seiner Rezension von *Emma* ihr neues Konzept zusammen. Austens Werke

> gehören zu einem Typ von Roman, […] der die darin vorkommenden Charaktere und Ereignisse in stärkerem Maße dem alltäglichen Leben entnimmt, als die Regeln des Romans das bisher gestatteten. […] Wir machen der Autorin von *Emma* deshalb kein kleines Kompliment, wenn wir sagen: Indem sie sich eng an alltägliche Ereignisse und an Charaktere hält, die ein Durchschnittsleben führen, hat sie Skizzen von solcher Lebendigkeit und Originalität geschaffen, dass wir auf den Reiz gar nicht angewiesen sind, den uns eine Erzählung voller außergewöhnlicher Ereignisse verschafft […]. Diesen neuen Typ vertritt sie nahezu allein. […] Die Weltkenntnis der Autorin und der bemerkenswerte Takt, mit dem sie die Charaktere darstellt, die der Leser nicht umhin kann wiederzuerkennen, erinnert uns an die malerischen Verdienste der holländischen Schule. Die Schilderungen sind vollkommen lebensgetreu und mit einer Genauigkeit gezeichnet, die den Leser entzückt.

»In allen unsterblichen Werken«, sagt Honoré de Balzac, »werden die erdachten Personen lebensvoller als solche, die wirklich gelebt haben.«

Genau das aber erschien Austens erfolgreicher Kollegin Maria Edgeworth, deren Werke sie schätzte, als Mangel. In bestürzender Humorlosigkeit äußerte sie sich abfällig über den angeblichen Mangel an Ereignissen in *Emma*: Der Roman hat keine Handlung, außer dass Miss Emma herausfindet, dass der Mann, den sie zuerst zu Harriets Verehrer bestimmt hat, in sie verliebt ist und er durch Emmas Ablehnung beleidigt ist und Harriet dem Geliebten nachtrauert – und dass sämiger, dünner Haferschleim nach Meinung von Emmas Vater etwas sehr Gutes ist und man der Köchin schwer verständlich machen kann, was man unter sämigem, dünnem Haferschleim versteht.

Walter Scott war es auch, der erkannte, auf welche künstlerische Höhe Austen diesen neuen Roman-Typ hob:

> Die junge Dame hatte ein Talent, die Probleme und Gefühle alltäglicher Charaktere zu schildern, wie ich es so ausgeprägt noch nie erlebt habe. Das aufwendige Wau-Wau-Gebelle beherrsche ich wie heutzutage jeder andere auch, aber der feine Pinselstrich, der gewöhnliche, unbedeutende Dinge und Menschen durch die Wahrheit der Beschreibungen und Empfindungen interessant macht, ist mir versagt. Wie schade, dass ein so begabtes Geschöpf so früh gestorben ist.

Wo Abenteuerliches oder Skandalöses in Austens Romanen vorkommt – etwa ein Duell, eine Entführung oder das Durchbrennen eines Paares –, wird es lediglich erwähnt, ohne dass die Leser es miterleben. Die Abenteuer der Austenschen Gestalten spielen sich in ihrem Inneren ab.

»Drei oder vier Familien in einem Dorf auf dem Lande, das ist der ideale Romanstoff« (*Briefe*, S. 186) – so charakterisiert Austen selbst ihr Werk. Dieser neue Roman-Typ konzentrierte sich auf alltägliche Ereignisse unter alltäglichen Menschen.

Bei Austens hochentwickeltem, unbestechlichem Kunstbewusstsein bilden dabei die ›Ingredienzien‹ des Romans – Handlung, Personenensemble, Thematik, Struktur, Stil, Erzählperspektive, Dialog, Monolog und Handlungsraum und -zeit – ein vollkommen ausgewogenes Ganzes. Das Kriterium eines Erzählmoments ist bei ihr immer seine Funktion im thematischen Ganzen.

Das bezieht sich auch auf die sorgfältige Motivation von Ereignissen. In *Stolz und Vorurteil* wäre Elizabeth Bennets vehemente Ablehnung von Mr. Darcys Heiratsantrag (siehe Kostprobe 2, S. 27 ff.) ohne ihr vorhergehendes Gespräch mit Oberst Fitzwilliam nicht verständlich. – Wenn Louisa Musgrove in *Überredung* glaubt, Kapitän Wentworth durch ihren waghalsigen Sprung von der Mole beeindrucken und dadurch ihre Heiratschancen verbessern zu können, dann deshalb, weil er in dem von Anne Elliot belauschten Gespräch mit Louisa Entschlossenheit und Standhaftigkeit zu Tugenden erklärt hat. Hier erfährt Wentworth zudem, dass Anne einige Jahre, nachdem er seine Verlobung mit ihr aufgelöst hat, einen anderen Heiratsantrag abgelehnt hat.

In Austens Romanen bestehen die szenisch ausführlich ausgebreiteten Ereignisse aus gesellschaftlichen Begebenheiten – Dinners, Spaziergänge, Bälle, häusliche Besuche, Ausflüge, Konzerte, Abendgesellschaften – und den privaten Reflexionen, die sie auslösen. Als Gesellschaftsromane bestehen Austens Werke also aus einem Rhythmus von öffentlichen und privaten Ereignissen, die vorher erwartungsvoll und anschließend reflektierend von einer, zwei oder mehreren Personen abgewogen, erörtert, gedeutet werden. In solchen ausführlich geschilderten Episoden voller Dialog entfaltet Austen ihre großartige szenische Gestaltungskunst. Alle zentralen

Gestalten des Romans befinden sich dabei in spannungsreichen Beziehungen. Diese Spannung entsteht weitgehend aus den innerlichen, seelischen Erlebnissen, aus den von solchen Ereignissen ausgelösten Folgen und Reaktionen bei den davon betroffenen Menschen: Erwartungen, Ahnungen, Hoffnungen, Befürchtungen, Enttäuschungen, Beglückungen, Leiden, Überraschungen, Animositäten, Kontroversen. Es sind diese menschlichen, häufig mit der zentralen Liebeshandlung verbundenen Vorgänge, die die Teilnahme der Leser herausfordern. Bei dem Box-Hill-Ausflug in *Emma* etwa tun die Eltons beleidigt; Frank Churchill kokettiert übertrieben mit Emma, um sein Doppelspiel zu verbergen; der ahnungslose Mr. Weston provoziert mit seinem Lob Emmas einige der Teilnehmer; und Emma behandelt Miss Bates beleidigend und wird von Mr. Knightley zu ihrem Kummer zurechtgewiesen. »Den ganzen Abend wollte Emma der unglückliche Ausflug nach Box Hill nicht aus dem Kopf«, beginnt das nächste Kapitel, das nun ihre reuevollen Reflexionen enthält:

> Wie der Rest der Gesellschaft darüber dachte, wusste sie nicht. Vielleicht saß jeder in seinem Haus und dachte, jeder auf seine Art, mit Vergnügen daran zurück, aber sie hatte vermutlich noch nie in ihrem Leben einen so sinnlos vergeudeten Tag erlebt, so durch und durch unbefriedigend als Erlebnis und so unerfreulich im Rückblick. […] Miss Bates sollte nie wieder … nein, nie! Wenn künftige Freundlichkeiten die Vergangenheit vergessen machen konnten, dann konnte sie vielleicht auf Vergebung hoffen. Sie war häufig nachlässig gewesen, sagte ihr Gewissen, vielleicht in Gedanken eher als in Taten, herablassend und ungnädig, aber sie würde sich bessern. (S. 449)

Bei dem alltäglichen Geschehen, das den Inhalt ihrer Romane ausmacht, erreicht Austen eine ungewöhnliche Lebensechtheit und Plastizität – und auch bei den Gestalten selbst. Sie haben die vollkommene Präsenz lebender Menschen. Das gilt für geistreiche ebenso wie für naive, für aristokratische ebenso wie für sozial niedriger stehende Personen, für Männer ebenso wie für Frauen, für alte ebenso wie für junge Menschen. Eine Zeitgenossin merkte an, wie viel echter als die ihrer gesellschaftlich weniger versierten Kolleginnen ihre Darstellung der Aristokratie und der höheren Gesellschaft wirkte. Austen war eben eine ›gentle woman‹:

> Alle Werke Miss Austens [...] sind so offensichtlich von einer Gentlewoman geschrieben. Die meisten Romanschriftstellerinnen [...] verraten sich bei dem Versuch, Familienszenen in der höheren Gesellschaft zu beschreiben; irgendetwas Vulgäres schleicht sich immer ein und zeigt, dass sie nicht aus eigener Anschauung mit dem vertraut sind, was sie beschreiben, aber hier ist das ganz anders. Alles wirkt natürlich, und die Umstände und Ereignisse werden auf eine Weise erzählt, die deutlich beweist, dass die Autorin zu einer Gesellschaft gehört, deren Sitten sie so gekonnt schildert.

Austens besondere ›Spezialität‹, die zum heiteren Charakter ihrer Romane wesentlich beiträgt, ist die ironische oder karikierende Pointierung exzentrischer Typen. Sie sind in ihrem sprachlichen Duktus und ihrem Benehmen unverwechselbar: die taktlose, dominante Lady Catherine de Bourgh etwa und der pompöse, menschlich unzulängliche Pastor Collins in *Stolz und Vorurteil*, der ewig kränkelnde, überängstliche Mr. Woodhouse; die liebedienerische Dauerrednerin Miss Bates, die taktlos-arrogante Mrs. Elton und der mürrische Mr. John Knightley in *Emma*; die vulgäre Anne Steele und die herzlose, hochgestochene Mrs. John Dashwood in *Verstand und Gefühl* sind im wahrsten Sinne des Wortes ›aus dem Leben gegriffen‹ und äußern sich als Individuen nicht in den Kommentaren der Autorin, sondern in ihren eigenen Worten, im Dialog. Es ist gerade dieser Aspekt von Austens Kunst, der immer wieder mit Shakespeares Kunst der Figurengestaltung verglichen worden ist.

Die gesellschaftlichen und häuslichen Sitten in England um 1800 unterschieden sich von den heutigen erheblich. Sie erlegten den Menschen Zwänge auf, die in der modernen nachaufklärerischen, liberalen Welt weitgehend verlorengegangen sind. Wer Austens Romane liest, begibt sich daher in eine Zeit und eine hierarchisch strukturierte Gesellschaft, in der die elementaren Gefühle und Bedürfnisse der zivilisierten Menschen strenger gesellschaftlicher Formung und strikten Konventionen unterliegen. Es gibt in Austens Romanen keine Umarmung, keinen einzigen Kuss zwischen liebenden Paaren und schon gar keine sexuelle Szene. Körperlicher Kontakt zwischen jungen Männern und Frauen war nur beim Tanzen möglich. Die Kritiker, die Austen mangelnde Leidenschaft vorwerfen und in ihren Romanen das ungehemmte Ausleben von Passionen erwarten, legen falsche Maßstäbe an die wohlerzogene englische Gesellschaft der Zeit an. Aber beherrschte Gefühle sind nicht Leidenschaftslosigkeit. Es liegt an den Lesern, die emotionalen Spannungen in Austens Gestalten aufzuspüren. Fanny Price in *Mansfield Park* ist geradezu eine Studie unterdrückter Liebessehnsucht. Elizabeth Bennets und Mr. Darcys starke Gefühle in *Stolz und Vorurteil* brechen in einer Szene

Austen spoilers
Pride and Prejudice
everyone gets married
Emma
everyone gets married
Sense and Sensibility
everyone gets married
© John Atkinson, Wrong Hands

Shakespeare spoilers
Hamlet
everyone dies
Macbeth
everyone dies
King Lear
everyone dies
© John Atkinson, Wrong Hands

des Romans hervor: als er ihr auf beleidigende Weise einen Heiratsantrag macht und sie ihn auf beleidigende Weise ablehnt. In Marianne Dashwood in *Verstand und Gefühl* porträtiert Austen geradezu kritisch eine Gestalt, die sich durch ihre ungehemmte Emotionalität vorübergehend in lebensgefährliches Unglück stürzt.

In Austens Gesellschaft der ›gentry‹, des breiten Mittelstandes vom niederen Adel bis zum Bürgertum, das keiner körperlichen Arbeit nachging, müssen die Menschen versuchen, einem Ideal des Verhaltens nahezukommen, um gesellschaftlich akzeptiert zu werden. Dies ist die Welt der ›gentlemen‹ und ›gentlewomen‹, in denen *das gesellschaftliche Auftreten, das Aussehen* und *das menschliche Verhalten* von allen beobachtet und beurteilt werden. Um dem Standard des zivilisierten Menschen gerecht zu werden, mussten diese drei Komponenten eine Einheit bilden. Der äußeren Haltung musste eine innere entsprechen. Ohne die angemessenen mitmenschlichen Einstellungen wie Toleranz, Wohltätigkeit, Verständnis, moralische Integrität fehlt den äußerlichen Attributen das Entscheidende. In Austens Romanen machen Menschen immer wieder Entwicklungen durch, die sie diesem Ideal näherbringen. Darin besteht die ethische Dimension ihrer Kunst. Aber sie sind auch voll von ›Blendern‹, bei denen die vollendeten gesellschaftlichen Umgangsformen, der Charme, das gute Aussehen oder die Wortgewandtheit darüber hinwegtäuschen, dass ihnen die Menschlichkeit fehlt. William Walter Elliot in *Überredung* etwa blendet sogar Anne Elliot:

> Alles vereinigte sich in ihm: hohe Intelligenz, angemessenes Urteil, Welterfahrung und ein empfindsames Herz. Er hatte entschiedene Vorstellungen von Familienzusammen-

gehörigkeit und Familienehre, frei von Dünkel oder Übertreibung, er lebte wie ein wohlhabender Mann: großzügig, aber ohne Pomp; er verließ sich in allen wichtigen Dingen auf sein eigenes Urteil, ohne die öffentliche Meinung in Fragen des Anstands zu provozieren. Er war verlässlich, aufmerksam, maßvoll und offen, ließ sich nie von Launen oder Eigensinn hinreißen, die sich als entschiedene Überzeugungen ausgaben, und besaß doch ein Gespür für alles Liebenswürdige und Schöne und einen Sinn für häusliches Glück, den Gemüter von gespielter Begeisterung oder hemmungsloser Exaltiertheit selten wirklich besitzen. (S. 176)

Wenig später aber enthüllt er sich als »unaufrichtiger, berechnender, materialistischer Mensch, der nie nach anderen Grundsätzen als egoistischen gehandelt hat« (S. 252). Das Stichwort »handeln« ist dabei signifikant, denn die entscheidenden menschlichen Qualitäten zeigen sich bei Austens Gestalten im richtigen oder falschen *Handeln*. An ihre Schwester schrieb sie 1813: »Schön ist, wer schön handelt« (*Briefe*, S. 140). Kapitän Wentworth nimmt Anne Elliot ein lästiges Kind vom Rücken, während Charles Hayter sich darauf beschränkt, es auszuschimpfen. In *Mansfield Park* besorgt Edmund Bertram seiner kleinen Cousine Fanny Schreibzeug, damit sie ihren Kummer durch einen Brief an ihren Bruder lindern kann, während seine Schwestern sich über sie lustig machen – es ist die erste freundliche Geste eines Mitglieds der Familie Bertram. Mr. Darcy überredet Mr. Wickham und Lydia Bennet durch die finanzielle Unterstützung, die er ihnen anbietet, zur Heirat.

Austens Blick auf die Gesellschaft ihrer Zeit ist trotz des heiteren Grundtons ihrer Werke kühl und kritisch. In allen ihren Romanen spielen finanzielle Erwägungen, Ambitionen,

Kalkulationen, Enttäuschungen, Manipulationen eine Rolle, am ausgeprägtesten in *Verstand und Gefühl.* Die Zahl von Figuren mit sozialen Vorurteilen und von solchen, die sich egoistisch und herzlos verhalten, ist groß. Dass es häufig die Repräsentanten der höheren Gesellschaft sind, deren Mängel auf diese Weise vorgeführt werden, ist ein in ihrer Zeit modernes Element im Weltbild der Autorin.

Bei den drei oder vier Familien, die jeweils im Zentrum ihrer Romane stehen, findet naturgemäß das große Weltgeschehen der Zeit nicht statt: die Französische Revolution und ihre Folgen, die Napoleonischen Kriege, in die Großbritannien fast fünfundzwanzig Jahre lang verwickelt war, der britisch-amerikanische Krieg von 1812 usw. Austens Romane sind nicht Leo Tolstois *Krieg und Frieden.* Aber handlungsrelevante flüchtige Einblicke bekommen die Leser durch das soldatische Personal in *Stolz und Vorurteil* und *Überredung.* Hier werden Stationierungen und Schlachten erwähnt, an denen die Marineoffiziere teilgenommen haben. Kapitän Wentworth erlaubt sich sogar eine abfällige Bemerkung über das Oberkommando der Marine.

»Einen Mann nach deinem Herzen … Quatsch«

Die Aufklärung des 18. Jahrhunderts propagierte die Selbstbestimmung und kritische Urteilskraft des Menschen und die dafür notwendige Bildung. Beides beförderte die Literarisierung breiterer Schichten. Frühe Feministinnen forderten diese Rechte auch für die weibliche Bevölkerung ein. Das entstehende bürgerliche Selbstbewusstsein setzte dem Adel, dessen familiärer Stolz auf der Reihe seiner Ahnen beruhte, den Wert des gebildeten Individuums entgegen. Zu dessen Freiheit begann nun auch die freie Partnerwahl aufgrund persönlicher Sympathien statt standespolitischer Entscheidungen zu gehören. In vielen Romanen der Zeit, auch in Austens, spielt das eine zentrale Rolle. Exemplarisch beginnt Susan Ferriers (1782–1854) Roman *Marriage* (*Heirat*, 1817) mit einer generationstypischen Auseinandersetzung zwischen Vater und Tochter über die Ehe. Die unvermögende siebzehnjährige Lady Juliana wünscht sich keinen vornehmen, reichen Mann, sondern einen »nach ihrem Herzen«.

»Einen Mann nach deinem Herzen … Quatsch«, rief Lord Courtland wütend, »was zum Teufel hat dein Herz damit zu tun, möchte ich wissen! Man kann heutzutage nicht mit einer jungen Frau übers Heiraten reden, ohne dass sie gleich Feuer und Flamme für Herz und Schmerz und … und … und ist. Aber eins will ich dir sagen, mein Kind, ich dulde nicht, dass meine Tochter womöglich Theater mit ihrem Herzen macht. Sie wird zu dem Zweck heiraten, für den die Ehe unter Menschen von Stand geschaffen ist, nämlich um die Familie zu fördern und ihren politischen Einfluss zu erweitern, kurz und gut, als Garantie wechselseitiger Interessen. Das ist der ganze Zweck, zu dem Standespersonen überhaupt ans Heiraten denken. Und was, bitte, hat dein Herz damit zu tun?«

Sir Thomas Bertram in *Mansfield Park* argumentiert noch ganz ähnlich, als die arme Fanny Price den Heiratsantrag des reichen Mr. Crawford ablehnt:

> Ich hatte gedacht, gerade bei dir nicht den Eigensinn, die Überheblichkeit und diesen Drang nach geistiger Unabhängigkeit zu finden, der heute so gang und gäbe ist – sogar bei jungen Frauen – und der gerade bei jungen Frauen so anstößig und widerwärtig wirkt – anstößiger als so vieles heutzutage. (S. 384)

Der Anspruch, sein Schicksal mitzubestimmen, wird zum gesellschaftlichen Phänomen. Damit kommt dem privaten Bereich der Gefühle und der häuslichen Sphäre größere Bedeutung zu. Die ausführliche Darstellung der weiblichen Erlebnis- und Gefühlswelt nimmt daher nun in vielen Romanen breiten Raum ein. Es ist ein Ausdruck des englischen Selbstbewusstseins auch der Frauen gerade zur Zeit von Napoleons Herrschaft über weite Teile des europäischen Kontinents, wenn Maria Edgeworth (1768–1849) in ihrem umfangreichen Roman *Patronage* (1814) stolz konstatiert, England sei als Demokratie unter den europäischen Mächten das Land,

> wo Erziehung, Verfassung, Meinungsfreiheit, Umgangsformen, gesellschaftliche und häusliche Sitten sich glücklich vereinigen, um den Frauen ihren gerechten Anteil an allem zu geben, was nützt und schmückt, anziehend und liebenswert ist.

Die Bedeutung der zentralen Liebeshandlung im Roman um 1800 für die damalige Gesellschaft kann man aus heutiger Sicht leicht unterschätzen. In einer Zeit, in der die Konventionsehe aus finanziellen oder familiären Gründen noch gängig war, hat die glückliche Ehe aus freier Partnerwahl den Reiz des Ungewöhnlichen, Neuen. In Austens Romanen ist sie der Gipfel menschlicher Erfüllung und steht im Zentrum der Handlung. Alle ihre Heldinnen sind im Zeitkontext originell und haben einen ausgeprägt individuellen Charakter; alle bestehen entgegen der traditionellen Sicht auf der Liebesheirat. *Stolz und Vorurteil* etwa enthält typische Varianten der Partnerwahl: Lady Catherine de Bourgh möchte darauf bestehen, dass ihre Tochter ihren Vetter heiratet, um die aristokratische Familientradition zu bewahren; Charlotte Lucas möchte lediglich finanziell versorgt sein, als sie sich den unausstehlichen Pastor Collins angelt; Lydia Bennet und Mr. Wickham lassen sich dazu hinreißen, gemeinsam durchzubrennen; Jane Bennet und Mr. Bingley sind sich ihrer Liebe von Anfang an sicher; und Elizabeth Bennet und Mr. Darcy überwinden die Standesschranken durch ihre Liebesheirat.

Austens Liebeshandlungen dienen der Erforschung menschlicher Beziehungen und zeigen Variationen der Werbung. In der richtigen Partnerwahl äußert sich der integre Charakter. Die Liebeshandlung ist kunstvoll perspektiviert, um den Lesern die menschlichen Selbstprüfungen und Zweifel der Heldinnen nahezubringen. Die Autorin entwickelte dazu eine erzählerische Methode für ihre reflektierenden Passagen, die in der englischen Literatur bis dahin nur marginal verwendet worden war: die ›erlebte Rede‹. Sie erzählt Vorgänge objektiv in der dritten Person, aber zugleich aus der Wahrnehmung *einer* Person und streicht dadurch die zentrale Rolle der Heldin und ihrer Liebeserlebnisse heraus. Aus deren Sicht erleben die Leser über weite Strecken das Geschehen, so dass sie sich mit ihr identifizieren. Obwohl Anne Elliot in *Überredung* von wenigen wahrgenommen wird und wenig spricht, wissen die Leser, was in ihr vorgeht, denn der Roman ist weitgehend die Geschichte ihrer emotionalen Erlebnisse. Was Kapitän Wentworth empfindet, erfahren die Leser nicht. So zum Beispiel in den Uppercross-Kapiteln, als Anne Elliot acht Jahre nach der Auflösung ihrer Verlobung ihrem ehemaligen Verlobten Kapitän Wentworth wiederbegegnet:

> Zwei Minuten nach Charles' Ankündigung erschienen die anderen. Sie waren im Wohnzimmer. Ihr Blick streifte Kapitän Wentworth. Eine Verbeugung, ein Knicks folgten. Sie hörte seine Stimme – er sprach mit Mary, sagte alles, was sich gehörte, sagte etwas zu den Miss Musgrove, genug, um einen zwanglosen Umgangston zu verraten. Der Raum schien voll – voller Menschen und Stimmen –, aber in ein paar Minuten war alles vorbei. [...] Das Zimmer war leer, und Anne mochte ihr Frühstück beenden, so gut sie konnte.

»Es ist vorüber! Es ist vorüber!«, wiederholte sie innerlich immer wieder dankbar, aber voller Erregung. [...]

Und wie musste sie nun seine Gefühle deuten? Sah es aus, als wolle er ihr aus dem Weg gehen? Schon im nächsten Augenblick hasste sie sich für die Torheit, mit der sie diese Frage stellte. [...] (S. 73 f.)

In Kapitel 16 von *Emma* reflektiert die Titelheldin nach Mr. Eltons missglücktem Heiratsantrag abends vor dem Zu-Bett-Gehen auf sechs Seiten »die verfahrene Angelegenheit« (S. 159), in die sie den Pastor und Harriet Smith manövriert hat. Gerade in diesem Roman ist die subjektive Erzählperspektive komplex, weil Emma die Empfindungen anderer ständig missdeutet und sich deshalb zwischen Hoffnung und Reue immer neu orientieren und rechtfertigen muss:

> Wie konnte sie sich nur so täuschen! Er behauptete, niemals ernsthaft an Harriet gedacht zu haben – niemals! Sie versuchte sich, so gut sie konnte, zu erinnern, aber alles geriet ihr durcheinander. Sie hatte sich wohl auf den Gedanken versteift und alles daraufhin zurechtgebogen. Sein Benehmen musste allerdings wohl vage, unentschieden, doppeldeutig gewesen sein, sonst hätte sie sich nicht so irren können. (S. 159)

Die arme, unterdrückte Fanny Price in *Mansfield Park*, lange eine Randfigur des verwirrenden Geschehens in ihrer Gastfamilie, ist doch zugleich der beobachtende, reflektierende, kritisch urteilende Mittelpunkt des Romans; so bei der Aufforderung, beim Theaterspielen mitzuwirken:

> In dieses Nest der Geborgenheit [ihr Zimmer] ging Fanny nun hinunter, um zu probieren, ob sie darin ihr erregtes, zweifelndes Gemüt beruhigen, um zu sehen, ob sie dem Anblick von Edmunds Profil auch seinen Rat entnehmen und selbst eine Prise Seelenstärke einatmen könne, wenn sie ihren Geranien frische Luft gab. Aber nicht nur die Angst vor ihrer eigenen Courage musste beschwichtigt werden; sie hatte angefangen zu schwanken, was sie eigentlich tun sollte; und während sie im Zimmer auf- und abging, verstärkten sich ihre Zweifel. War es richtig von ihr, dass sie etwas ablehnte, was man so nachdrücklich erbat, so dringlich forderte? Was für ein Vorhaben so wichtig war, das einigen von denen, welchen sie die größte Dankbarkeit schuldete, so sehr am Herzen lag? War es nicht Bosheit, Egoismus und die Angst sich zu blamieren? Und würde Edmunds Urteil, würde seine Überzeugung, dass Sir Thomas das Ganze missbilligte, genügen, ihre entschiedene Ablehnung allen anderen zum Trotz zu rechtfertigen? (S. 188)

Die Heldinnen von Austens Romanen befinden sich lange in einem Zustand der Unsicherheit und Erwartung, wenn sie in Gedanken mit einem Mann beschäftigt sind, dessen Gefühle sie nicht kennen. Es kann sich dabei um den geliebten *richtigen* Mann oder auch um den vorübergehend begehrten *falschen* handeln. Die weibliche Perspektive ist charakteristisch für Austens Romane insgesamt. Die Leser kennen die Empfindungen der Heldinnen, nicht aber die ihrer zukünftigen Partner. Erst in dem klärenden Gespräch der Liebenden am Ende des Romans, das nur in *Mansfield Park* fehlt, erfahren die Leser rückblickend aus seinem eigenen Mund auch etwas über das Innenleben der männlichen Figuren. So erläutert etwa Kapitän Wentworth in

Überredung auf mehreren Seiten der nun wiedergewonnenen Anne Elliot seinen Weg von der Verzweiflung zum Glücksversprechen. Als er Louisa Musgroves Leichtsinn durchschaut hat,

> hatte er alles erkannt, was ihm die Frau, die er verloren hatte, unvergleichlich machte, und da hatte er begonnen, den Stolz, die Dummheit und den Wahnsinn seiner Verbitterung zu bedauern, die ihn von dem Versuch abgehalten hatten, sie wiederzugewinnen, als ihre Wege sich zufällig wieder kreuzten. (S. 295)

Umgekehrt bekennt der Verführer Willoughby in *Verstand und Gefühl* in seiner Beichte gegenüber Elinor Dashwood, wie er ihre Schwester Marianne verloren, nicht gewonnen hat.

Jane Austens ›Feinde‹

Hatte die weltweit so beliebte Autorin auch ›Feinde‹? Hier Äußerungen einiger ihrer schärfsten Kritiker:

Charlotte Brontë (1816–1855), die Verfasserin des Romans *Jane Eyre* (1847):

»Warum schätzen Sie Miss Austen so? [...] Ich hatte *Stolz und Vorurteil* nicht gesehen, bevor ich Ihren Brief las [...]. Und was finde ich? Das exakte, daguerrotypierte Porträt eines alltäglichen Gesichtes: einen sorgfältig eingezäunten, hochkultivierten Garten mit sauberen Rändern und zarten Blumen; aber keine Spur einer strahlenden, lebhaften Physiognomie, kein offenes Land, keine frische Luft, keinen blauen Hügel, keinen klaren Bach. Ich würde durchaus nicht gerne mit ihren Herren und Damen in ihren eleganten, aber eingeschränkten Häusern leben. Sie beschäftigt sich nicht halb so viel mit dem menschlichen Herzen wie mit den menschlichen Augen, Mündern, Händen und Füßen.

Der amerikanische Dichter und Kritiker **Ralph Waldo Emerson** (1803–1882):

»Ich verstehe ganz und gar nicht, warum die Leute Miss Austens Romane so hoch einschätzen, sie erscheinen mir im

Ton vulgär, in künstlerischer Erfindung steril, in den schrecklichen Konventionen der englischen Gesellschaft befangen, ohne Genie, Geist oder Weltkenntnis. Nie war das Leben so beschränkt und eng. Das einzige Problem im Bewusstsein der Autorin in beiden Geschichten, die ich gelesen habe, *Überredung* und *Stolz und Vorurteil*, ist Heiratsfähigkeit.

Austens gnadenlosester Kritiker, der amerikanische Humorist **Mark Twain** (1835–1910), fand, »allein das Fehlen der Bücher [von Jane Austen] würde eine ziemlich gute Bibliothek aus einer machen, die gar keine Bücher enthält«.

»Ich habe kein Recht, Bücher zu kritisieren, und ich tue es nur, wenn ich sie hasse. Jane Austen möchte ich oft kritisieren, aber ihre Bücher machen mich so wütend, dass ich dem Leser meinen Zorn nicht verbergen könnte; und deshalb muss ich jedes Mal aufhören, wenn ich gerade erst angefangen habe. Jedes Mal, wenn ich *Stolz und Vorurteil* lese, möchte ich sie ausgraben und ihr mit ihrem eigenen Schienbein den Schädel einschlagen.«

Der englische Romancier **Kingley Amis** (1922–1995) über *Mansfield Park*:

»Mr. und Mrs. Edmund Bertram zu einer Abendgesellschaft einzuladen, würde man nicht leichten Herzens unternehmen. […] sowohl Edmund als auch Fanny sind moralisch verächtlich, und dass ihre Gefühle und ihr Benehmen von der Autorin […] gerechtfertigt werden, macht *Mansfield Park* zu einem unmoralischen Buch. […] Wenn Edmunds Vorstellungen und Gefühle durch engstirnige und undurchdachte Aufgeblasenheit verdorben werden, so kommt uns Fannys Eigenliebe unerträglich vor, denn sie ist durch keinerlei Humor – wie konnte Jane Austen das passieren? – oder auch nur Entspanntheit versöhnlich. […] Was ist aus der Jane Austen geworden (wenn es sie denn je gab), die sich tapfer daran machte, die konventionellen Vorstellungen dessen, was wünschenswert und tugendhaft ist, zu berichtigen? Von ihrer Kritikerin (wenn es sie denn je gab) ist sie zu ihrer Sklavin geworden. Das heißt auf andere Weise nur, dass ihr Urteil und ihre moralische Einsicht korrumpiert wurden. *Mansfield Park* ist das Zeugnis dieser Korruption.«

»Lebendige Skizzen von den interessantesten Örtlichkeiten«

Henry Austen bemerkte in seiner »biographischen Notiz« in der Erstausgabe von *Kloster Northanger* und *Überredung*, seine Schwester sei »eine leidenschaftliche und einsichtige Bewunderin von landschaftlicher Schönheit«, aber ihren Romanen kann man das nicht entnehmen. Darin ist alles Ambiente – Landschaft, Gärten, Gebäude, Innenräume – funktional und ökonomisch auf die Menschen ausgerichtet, die sich in ihnen bewegen. Was sie denken oder sagen, was sie charakterisiert oder wen sie beobachten, interessiert die Autorin. Ambiente ›als solches‹ ist nicht Teil ihrer Romanwelt.

Programmatisch betont sie in *Stolz und Vorurteil* anlässlich der Urlaubsreise der Gardiners mit Elizabeth Bennet:

> Es gehört nicht zu den Absichten dieses Werks, eine Beschreibung Derbyshires oder der bemerkenswerten Orte zu geben, durch die sie kamen. (S. 273)

Es verwundert nicht, dass Austen in einer Erzählung ihrer Nichte deren Landschaftsschilderungen kritisiert:

> Du beschreibst den Ort reizend, aber Deine Beschreibungen sind oft ausführlicher, als den Lesern lieb sein wird. Es gibt zu viele Einzelheiten [...]. (*Briefe*, S. 185)

Austens Beschreibungen von Landschaften, Räumen und Personen sind so konstruiert, dass sie der Fantasie der Leser Spielraum für die Vervollständigung eines Bildes lassen, bei dem die Details offenbar bewusst weggelassen sind. In vielen Fällen erfahren die Leser bei Austen gar nicht, wo Ereignisse stattfinden oder wie genau Personen aussehen. Wo bestürmt Mrs. Bennet in *Stolz und Vorurteil* ihren Mann mit der sensationellen Nachricht, »dass Netherfield Park endlich vermietet ist«? (S. 5) Wo überredet Mrs. John Dashwood in *Verstand und Gefühl* ihren Mann, dass jede finanzielle Unterstützung für seine Stiefmutter und seine Halbschwestern überflüssig ist? Von den Rosen in Lady Bertrams Garten in *Mansfield Park* erfahren die Leser nur, weil Fanny sie schneiden musste. Nur um die Eitelkeit des Hausherrn zu betonen, hören die Leser den Mieter von Sir Walter Elliot in *Überredung* erwähnen, »dass ich ein paar von den großen Spiegeln aus meinem Ankleidezimmer entfernt habe« (S. 153).

Lediglich das Gespräch ist wichtig, das Emma und Mr. Knightley gegen Ende von *Emma* führen, als sie »in den Garten hinaus« ging und ihn »durch das Gartentor auf sich zukommen sah« (S. 505). Wie der Garten aussah, ist nicht von Belang. Die Fahrt von Mansfield Park nach Sotherton »führte durch liebliche Landschaft«, und die sensitive Fanny Price beobachtet mit »Vergnügen das Landschaftsbild, den Verlauf der Straßen, die Verschiedenheit des Bodens, den Stand der Ernte, der Häuser, des Viehs, der Kinder« (*Mansfield Park*, S. 101). Aber wie sah das alles aus?

Auch wo es verhältnismäßig ausführliche Beschreibungen von »Örtlichkeiten« gibt, dienen sie interpretatorischen Zwecken. In *Stolz und Vorurteil* wird ›Pemberley‹, Mr. Darcys Besitz mit dem »großen, stattlichen Steingebäude« (S. 276), dargestellt, um das Bild des Besitzers in Elizabeth Bennets Augen zu korrigieren, den Gegensatz zu dem unharmonischen Rosings von Lady Catherine de Bourgh zu betonen und Mr. Darcys Fürsorge für seine Schwester zu zeigen, für die er »einen sehr hübschen Salon [...] mit größerer Eleganz und helleren Farben« (S. 280) ausgestattet hat. Wie die ausführliche Schilderung von Mr. Darcys Pemberley, so ist auch die von Mr. Knightleys Donwell Abbey ein Beispiel dafür, dass die Leser ein architektonisch-landschaftliches Ensemble mit den Augen einer liebenden Frau erleben, wenn Austen ihm besondere Aufmerksamkeit widmet. Das Interessante daran ist, dass die Frauen selbst noch gar nicht wissen, dass sie verliebt sind; die Schilderung repräsentiert ihr Unterbewusstsein, erlaubt den Lesern aber Rückschlüsse. Was die Leser von *Emma* über Mr. Woodhouses ›Hartfield‹ wissen, ersteht vor ihren Augen in Mrs. Eltons Worten, die einen Anlass sucht, um durch den Vergleich mit dem Besitz ihres Schwagers aufzuschneiden, der »ihr ganzer Stolz« (S. 321) ist:

> Dies Zimmer, Anlage und Größe, haargenau wie das Frühstückszimmer in Maple Grove, dem Lieblingszimmer meiner Schwester. [...] Auch in Maple Grove wachsen die Lorbeerbäume so üppig wie hier [...]. (S. 322)

Die aufwendigen Austen-Verfilmungen in zeitgenössischen Kostümen und prachtvollen oder auch rustikalen historischen Bauten müssen deshalb ihre Romane insofern zwangsläufig interpretieren, als ihre Bücher keine Vorgaben dafür enthalten. Austen ist eine Meisterin darin, die visuelle Fantasie der Leser dadurch anzuregen, dass sie Ambiente *nicht* beschreibt. Indem sie mitteilt, wie etwas *nicht* aussieht, nicht aber, *wie* es aussieht, fordert sie die Einbildungskraft der Leser heraus.

Die Autorin suchte scherzhaft in einer Londoner Ausstellung Porträts von Jane und Elizabeth Bennet:

> Man hält es für keine gute Sammlung, aber ich war sehr angetan, besonders [...] von einem kleinen Porträt von Mrs. Bingley aus *Stolz und Vorurteil*, das außerordentlich ähnlich ist. Ich ging in der Hoffnung hin, eins von ihrer Schwester zu finden, aber von Mrs. Darcy gab es keins. [...] Mrs. Bingley ist genau getroffen, Größe, Gesichtsform, Ausdruck und Liebreiz; [...]. Sie trägt ein weißes Kleid mit grünem Besatz, und das bestätigt meine Annahme, dass Grün ihre Lieblingsfarbe ist. Ich vermute, Mrs. Darcy trägt Gelb. (*Briefe*, S. 147)

Nur kennen die Leser von *Stolz und Vorurteil* anders als die Autorin weder Jane Bennets Größe und Gesichtsform noch die Farbe ihrer Kleider. Auch trägt Elizabeth im Roman selbst nie Gelb. Bei Emmas Hochzeit beklagt Mrs. Elton: »kaum weißer Atlas, kaum Spitzenschleier« (*Emma*, S. 578), aber was die Braut stattdessen trägt, erfahren die Leser nicht. Austens Formulierung charakterisiert die hochgestochene Sprecherin, aber auch die Braut, die offenbar Aufwand vermeidet. »Die übertriebene Eleganz« von Mrs. Eltons »Kleid« (S. 380) bei dem Ball der Westons wird zwar erwähnt, aber worin besteht das Elegante ihres Kleides? Austen charakterisiert also mit diesen Bemerkungen Mrs. Eltons Eitelkeit; das Kleid selbst interessiert sie nicht. Auch hier ist der menschliche Bezug entscheidend. Bei derselben festlichen Gelegenheit erzählt (wenn man es denn so nennen will) Miss Bates die Geschichte des *neuen Umschlagtuchs* ihrer Mutter: »ein Geschenk von Mrs. Dixon [...]. Es gab noch drei andere, [...] Oberst Campbell war mehr für olivgrün« (S. 382). Schön und gut, aber welche Farbe hat denn das gekaufte? Es kommt Austen offenbar nur darauf an, auch an dieser Stelle zum Amüsement Miss Bates' langatmige Faselei zu charakterisieren. Wird bei Austen ein einziges Möbelstück beschrieben? Es ist aber ein Zeichen von Austens künstlerischem Geschick, dass die Leser trotzdem den Eindruck haben, in all diesen Szenen sei menschliches Leben im glaubhaften Ambiente dargestellt.

Austens Romane sind eminent auf die Menschen konzentriert, aber dasselbe Prinzip, den Lesern Spielraum für ihre Fantasie zu lassen, gilt auch für die Darstellung ihrer Gestalten. Deren Beschreibungen sind selten spezifisch. Mr. Wickham in *Stolz und Vorurteil* etwa »übertraf« seine Offizierskollegen »in Figur, Ausdruck, Benehmen und Bewegung« – aber wie sieht er eigentlich aus? Wo Austen bei der Zeichnung eines Gesichts oder einer Figur über allgemeine Züge hinausgeht, geschieht es zur Charakterisierung des Beobachters oder des Beobachteten. Sir Walter Elliot bemerkt in *Überredung* abfällig, dass sein Neffe William Walter ein »fliehendes Kinn« (S. 169) habe – es charakterisiert beide: Sir Walters Eitelkeit und William Walters Charakterschwäche. Trifft das Porträt in *Stolz und Vorurteil* Mr. Collins' Persönlichkeit bei seinem Erscheinen in Longbourne nicht vollkommen, auch wenn seine Gesichtszüge gar nicht beschrieben werden? »Er war ein großer, schwerfälliger junger Mann [...]. Sein Auftreten war feierlich und imposant und sein Benehmen sehr formell.« (S. 75)

Sie »schreibt mit ungewöhnlicher Kraft und Lebendigkeit«

Austens Romane gelten als leicht zugänglich. Das bezeugt schon ihre weltweite Beliebtheit. Aber überraschenderweise ist ihre literarische Sprache komplexer, als man auf den ersten Blick vermuten möchte. Die Lesbarkeit ihrer Werke beruht auf ihrer Lebendigkeit, ihrer Spannung und ihren überraschenden Wendungen, nicht aber auf ihrem Stil. Tatsächlich ist die Spannweite ihrer sprachlichen Mittel groß. Aphoristisch kurze, prägnante Formulierungen – wie der zu Beginn zitierte Anfangssatz von *Stolz und Vorurteil* – wechseln sich ab mit ausgedehnten und grammatisch komplexen Sätzen wie dem folgenden aus *Emma*:

> Die Aufregung und Freude bei einer solchen Ankunft, die vielen Menschen, mit denen man reden, die man begrüßen, trösten, übers Haus verteilen und einquartieren musste, brachten einen Lärm und eine Unruhe mit sich, denen [Mr. Woodhouses] Nerven bei keiner anderen Gelegenheit und bei dieser nur mit Mühe gewachsen waren, aber Mrs. John Knightley nahm auf die Gepflogenheiten ihres Vaters viel Rücksicht; und die Kinder durften ihm nie da-

> durch zur Last fallen, dass sie zu lange um ihn waren oder zum ausschließlichen Mittelpunkt der Aufmerksamkeit wurden, obwohl sie sich in ihrer mütterlichen Fürsorge sofort darum kümmerte, dass sie sich als Allererstes gleich ausbreiten und zu Hause fühlen konnten, etwas zu essen und zu trinken bekamen und eine Schlaf- und Spielgelegenheit hatten. (S. 110)

Hier zeigt sich, wie wandelbar Austens Stil ist, wie das sprachliche Medium die Aussage interpretiert. Die Aufregung und das Durcheinander bei der Ankunft von John Knightleys kinderreicher Familie bei seinem Schwiegervater in Highbury spiegelt sich in der Länge und den vielen Aufzählungen des Satzgebildes. Der sprachliche Ausdruck selbst teilt also mit, warum der überängstliche, kränkliche Mr. Woodhouse dem Chaos, das da auf ihn zukommt, kaum gewachsen ist.

Diese sprachliche Charakterisierungskunst betrifft auch die sozialen Unterschiede und die individuellen Eigenarten von Austens Gestalten. Vornehme Gepflegtheit, arrogante Dreistigkeit, sarkastischer Zynismus, überkandidelter Bombast, juristische Formalität, vulgäre Fehlerhaftigkeit klingen deutlich unterschiedlich.

Nur der pompöse Pastor Collins in *Stolz und Vorurteil* ist fähig, sich zu einem Satz wie dem folgenden zu versteigen:

> Wenn es mir […] gegeben wäre zu singen, würde ich es mir zur Ehre gereichen lassen, die Anwesenden mit einem Liedchen zu erfreuen, denn ich halte dafür, dass die Musik eine ganz unschuldige Zerstreuung und mit der Würde des geistlichen Gewandes ausgezeichnet vereinbar ist. (S. 118)

Nur die ordinäre Anne Steele, die in *Verstand und Gefühl* ständig von ihren »flotten Verehrern« faselt und Absichten auf den »Doktor« hat, kann Worte wie die folgenden von sich geben:

> Aber wieso soll ich nicht rosa Schleifen tragen? Ist mir doch egal, wenn das dem Doktor seine Lieblingsfarbe ist. Ich hätt ja nie gewusst, dass er Rosa lieber mag wie alle anderen Farben, wenn er es nicht selber gesagt hätte. (S. 311)

Nur Mrs. Elton kann so selbstgefällig und heuchlerisch das Kompliment ablehnen, dass sie »eine erstklassige Klavierspielerin« sei:

> So? Nein, gar nicht, dagegen muss ich protestieren. Eine erstklassige Klavierspielerin! Davon bin ich weit entfernt, ich bitte Sie. [...] Ich liebe die Musik von ganzem Herzen, liebe sie mit wahrer Leidenschaft, und meine Freunde sagen, ich bin nicht ganz ohne musikalischen Geschmack, aber darüber hinaus ... wahrhaftig! Nein, nein, mein Spiel ist durch und durch mittelmäßig, ich bitte Sie! (*Emma*, S. 326)

Austens literarische Sprache ist im Gegensatz zu vielen ihrer zeitgenössischen Kolleginnen auffällig bilderarm. Sie versagt sich die beliebte und billige schriftstellerische Methode, Aussagen durch Bilder, Vergleiche, Ähnlichkeiten künstlich und dramatisch anzureichern. Ein so aufwendiges Bild für die unglückliche Situation einer jungen Frau und ihren emotionalen Zustand wie im folgenden Satz aus Maria Edgeworths *Belinda* hätte Austen mit ihrem subtilen Sprachsinn nie verwendet:

> Sie schwamm in gefährlicher Tiefe im Meer der Torheit – die Flut der Mode verebbte, und so blieb sie, knietief im Sumpf steckend, als eine lächerliche, skandalumwitterte Figur zurück.

Ganz folgerichtig kritisierte Austen denn auch in einer Erzählung ihrer Nichte Anna den Ausdruck, er stürzte in einen »Strudel der Zerstreuung«:

> Gegen die Sache habe ich nichts, aber ich kann den Ausdruck nicht ausstehen; er ist so durch und durch Romanjargon und so alt, dass Adam vermutlich auf ihn stieß, als er den ersten Roman aufschlug. (*Briefe*, S. 185)

Austens unübertroffene realistische Natürlichkeit und Lebensechtheit äußert sich am überzeugendsten in der beziehungsreichen Entfaltung ihrer Dialogkunst. Das dialektische Wechselspiel beredter Kontrahenten, das Austauschen von Gedanken und Erlebnissen, das Nehmen und Geben im harmonischen Gespräch und das Aneinander-vorbei-Reden sich missverstehender Paare sind bei Austen förmlich hörbar. Ihre Fähigkeit, argumentativ zwei entgegengesetzte Positionen zugleich einzunehmen und konsequent durchzuhalten, hat die dramatische Kraft Friedrich Schillers oder Thomas Manns – auch wenn ihre Thematik weniger philosophisch und umfassend ist. Dass die reizvollen intimen, vertraulichen Gespräche in den früh konzipierten Romanen *Stolz und Vorurteil* und *Verstand und Gefühl* zwischen Schwestern-Paaren stattfinden, ist sicher auch eine Reflexion der engen Beziehung zwischen den Teenagern Cassandra und Jane Austen.

Austens dialogische Begabung ist umso zentraler für ihre

Romane, als darin die Persönlichkeiten vorwiegend im Gespräch entwickelt werden. Was wären Mrs. Bennet, Mr. Collins oder Lady Catherine de Bourgh in *Stolz und Vorurteil* oder Miss Bates und Mrs. Elton in *Emma*, wenn sie ihre Wesenszüge nicht in ihren eigenen Worten enthüllten – im Falle von Miss Bates in umständlichen und konfusen. Wer das erste Kapitel von Thomas Manns *Lotte in Weimar* liest, wird in den überwältigten Monologen des ergriffenen Kellners Mager vom Hotel ›Elephant‹ in Weimar dasselbe hohe künstlerische Niveau erkennen wie in den wirren Dauerreden der vor Dankbarkeit übersprudelnden Miss Bates in Austens *Emma*.

In *Emma* handhabt Austen die Methode, Realität in den Worten von Personen zu evozieren, auf besonders subtile Weise. Miss Bates' Eintritt in den Saal der ›Krone‹ beim Ball der Westons ist das amüsanteste Beispiel (siehe Kostprobe 3, S. 34 ff.). Während ihres nicht enden wollenden Wortschwalls begrüßt sie fünfzehn andere Gäste und spricht mit den meisten. Dabei bleibt es den Lesern von *Emma* überlassen, die Sätze der Gesprächspartner immer wieder Miss Bates' Antworten zu entnehmen:

> Ich sagte zu meiner Mutter: »Ich muss schon sagen, Mutter …« – Ich bedanke mich, meiner Mutter geht es ausgezeichnet. (S. 382)

Durch ihre Dauerreden wird Miss Bates zur lächerlichen Figur und ein Opfer von Austens viel diskutierter und bewunderter Ironie. Ihre sachlich-realistische Schilderung ist ironisch, satirisch, humoristisch durchsetzt, wozu ein besonderes sprachliches Talent gehört. Wieder möchte man an Thomas Mann denken. Diese Art zu formulieren erlaubt es den Lesern, eine kritische Perspektive auf Zeitphänomene einzunehmen und die Prätentionen, Marotten, Absurditäten, Schwächen der Romangestalten zu durchschauen, derer sie sich selbst nicht bewusst sind. Zusammen mit der Autorin betrachten die Leser von *Stolz und Vorurteil* kopfschüttelnd, schmunzelnd oder lachend Gestalten und Situationen in ihren Romanen aus kühler Distanz:

> Die Stumpfsinnigkeit, die [Mr. Collins] von Natur auszeichnete, machte seine Werbung so reizlos, dass keine Frau an ihrer übermäßigen Ausdehnung interessiert sein konnte. (S. 18)

Aber auch einige von Austens Gestalten haben die ironische Ader ihrer Autorin. Elizabeth Bennet und ihr Vater, Henry Tilney und Mr. Palmer leisten sich brillante ironische Kommentare. Der Satz, mit dem Mr. Bennet mit seiner »spitzen Zunge« (S. 411) seine Tochter Mary davon abhält, ihre nervtötende Darbietung auf dem Klavier fortzusetzen, ist Gold wert: »Jetzt hast du uns lange genug entzückt.« (S. 118)

Durch die ironische, aphoristisch-distanzierte Formulierungskunst werden scheinbar selbstverständliche Aussagen in Frage gestellt oder widerrufen; Heuchelei wird enthüllt, Prätention entlarvt. Austens personale, gesellschaftliche und soziale Kritik äußert sich als Ironie. Ein Beispiel dafür ist schon der eingangs zitierte berühmte erste Satz von *Stolz und Vorurteil*, denn die Handlung des Romans belegt, dass es nicht der Wunsch der meisten Männer ist zu heiraten. Mr. Collins zum Beispiel fühlt sich auf Druck seiner dominanten Patronin dazu veranlasst, fast wahllos Heiratsanträge zu machen, und wird schließlich von der entschlossenen Charlotte Lucas gekapert.

Es gibt ein höchst glaubwürdiges Zeugnis, wie sehr Austen selbst ihr ironisches Spiel mit der Sprache und das Entwerfen ihrer skurrilen Gestalten genossen hat. Von ihrer Nichte Marianne Knight, die bei dem Tod ihrer Tante sechzehn war, erfahren wir:

> Ich erinnere mich, dass Tante Jane [...] meist das Manuskript des Romans mitbrachte, an dem sie gerade arbeitete, und sich mit meinen älteren Geschwistern [...] einschloss, um ihnen etwas vorzulesen. Ich und meine jüngeren Geschwister hörten durch die Tür Lachsalven [...]. Ich erinnere mich auch, dass Tante Jane in der Bibliothek schweigend neben dem Kamin bei ihrer Handarbeit saß [...]. Aber dann brach sie plötzlich in Gelächter aus, sprang auf, lief durch das Zimmer zum Tisch, wo Feder und Papier lagen, schrieb etwas auf, kam dann zurück [...] und handarbeitete schweigend weiter. (*Briefe*, S. 158)

Wer wäre nicht gerne dabei gewesen!

»Adeiu«*

Jane Austens Witz

»Ich bin noch immer eine Katze, wenn ich eine Maus sehe«, charakterisierte Austen ihren Witz in einem Brief an ihre Schwester. Ist ihr Witz grausam, böse, taktlos und zynisch – oder amüsant, treffend, herzerwärmend und wohltuend politisch inkorrekt? Die Austen-Leser mögen anhand der folgenden Beispiele entscheiden.

Austens Witz in ihren Romanen …

»Sie und ich, Sir John«, sagte Mrs. Jennings, »brauchen uns an […] Förmlichkeiten nicht zu halten.«

»Das wäre sehr ungezogen von Ihnen«, rief Mr. Palmer.

»Mein Schatz, du widersprichst allen«, sagte seine Frau […]. »Weißt du, dass du recht unhöflich bist?«

»Ich wüsste nicht, dass ich irgendjemandem widerspreche, wenn ich deine Mutter ungezogen nenne.« (*Verstand und Gefühl*, S. 130)

»Komm her, mein Kind«, rief ihr Vater, »[…]. Wie ich höre, hat Mr. Collins dir einen Heiratsantrag gemacht. […] Deine Mutter besteht darauf, dass du ihn annimmst.«

»Ja, oder sie will mich nie wiedersehen.«

»Du stehst vor einer unglückseligen Entscheidung, Elizabeth. Von heute an wirst du von einem Elternteil verstoßen. Deine Mutter will dich nie mehr sehen, wenn du Mr. Collins *nicht* heiratest, und ich will dich nie mehr sehen, *wenn* du ihn heiratest.« (*Stolz und Vorurteil*, S. 130)

* »Adeiu«: Austen schreibt mehrmals das französische ›Adieu‹ auf diese Weise.

Wozu leben wir, wenn nicht um unseren Nachbarn Anlass zum Lachen zu geben und dafür umgekehrt über sie zu lachen. (Ebd., S. 412)

Körperlicher Umfang und seelischer Schmerz stehen natürlich nicht unbedingt in einem bestimmten Verhältnis zueinander. Eine umfangreiche, üppige Figur hat das gleiche Recht auf tiefen Seelenschmerz wie das graziöseste Ensemble von Gliedmaßen. Aber ob recht und billig oder nicht, es gibt unvorteilhafte Kombinationen, für die sich der Verstand vergeblich einsetzt – die der Geschmack nicht dulden kann – die der Lächerlichkeit zum Opfer fallen. (*Überredung*, S. 83)

Mrs. Allen war eine der zahlreichen Frauen, in deren Gesellschaft man nichts anderes empfindet als Erstaunen darüber, dass es auf dieser Welt sage und schreibe Männer gibt, die genug Sympathie für sie aufbringen, sie zu heiraten. (*Kloster Northanger*, S. 13)

Sie war keine Frau, die viele Worte machte, denn im Gegensatz zu den meisten anderen Leuten passte sie ihre Worte der Zahl ihrer Einfälle an. (*Verstand und Gefühl*, S. 267)

... und in ihren Briefen:

Mrs. Hall aus Sherbourne kam gestern sechs Wochen vor der Zeit mit einer Totgeburt nieder, verursacht durch einen Schock. Ich vermute, sie hat aus Versehen einen Blick auf ihren Mann geworfen. (S. 29)

Mrs. Bertie wohnt im Polygon [Gebäude in Bath] und war außer Haus, als wir ihren Besuch erwiderten, und darin bestehen auch schon ihre beiden Tugenden. (S. 115)

Stell Dir vor, Mrs. Holder ist tot. Die arme Frau, sie hat das einzige getan, was sie überhaupt tun konnte, um einen daran zu hindern, über sie zu lästern. (S. 166)

Wir planen, eine zuverlässige Köchin, ein albernes junges Hausmädchen und einen gesetzten mittelalterlichen Mann einzustellen, der die doppelte Aufgabe übernimmt, der Ehemann der ersteren und der Liebhaber der letzteren zu sein. (S. 65)

Nicht »Adeiu« von Jane Austen, sondern der Anfang einer literarischen Beziehung. Ihre neu gewonnenen Leser eilen nun hoffentlich in eine Buchhandlung und kaufen eines ihrer Bücher, oder laden es aus dem Internet herunter. Denn es ist eine allgemein anerkannte Wahrheit, dass Roman-Leser nichts dringender brauchen als einen Roman von Jane Austen.

Sie befinden sich in bester Gesellschaft. Hier ist eine Liste der Sprachen, in die Austens Werke übersetzt wurden. Sie erschienen auf Französisch, Deutsch, Holländisch, Spanisch, Italienisch, Portugiesisch, Griechisch, Dänisch, Schwedisch und in weiteren europäischen Sprachen, aber auch auf Japanisch, Koreanisch, Hebräisch, Isländisch, Russisch, Persisch, Polnisch, Serbokroatisch, Bengalisch, Finnisch, Chinesisch, Arabisch, Ungarisch und sogar auf Marathi, Tamil und Telugu. Kann man noch berühmter sein?

Wie finden Neulinge am leichtesten Zugang zu Austens Werk?

Als erste Lektüre empfiehlt sich wegen seiner Zugänglichkeit ***Stolz und Vorurteil***. Die Autorin selbst fand beim ersten Wiederlesen nach Erscheinen ihres Romans:

> Das Werk ist eher zu leicht, zu heiter, zu spritzig, es braucht Schatten, es müsste, wenn möglich, durch ein längeres Kapitel hier und da gedehnt werden – durch [...] irgendetwas, das einen Gegensatz bilden würde und den Leser mit gesteigertem Vergnügen zum spielerischen und epigrammatischen Ton des Ganzen zurückkehren lässt. (*Briefe*, S. 144 f.)

Aber gerade der lockere Ton des Ganzen, der wesentlich von der originellen, geistreichen, ironischen Heldin Elizabeth Bennet und den Charakteren mit lächerlichen Zügen ausgeht, macht den Roman zur idealen ersten Lektüre Austens. Die spannungsreiche Liebesgeschichte von Elizabeth und Mr. Darcy, deren wechselseitige Abneigung sie unweigerlich zueinander hinzieht, entwickelt sich weitgehend in vibrierenden Dialogen.

Um Austens Spannweite kennenzulernen, empfiehlt sich ***Überredung*** als zweite Lektüre. Hier ist der Ton melancholisch. Bis kurz vor Ende des Romans glaubt die empfindsame Heldin Anne Elliot, um ihre Liebe betrogen worden zu sein, so dass eine schwermütige Atmosphäre sie umgibt. *Überredung* enthält deshalb auch die wenigsten absurden und lächerlichen Charaktere. Das Gesellschaftspanorama mit seinem Gegensatz von obsoleter, reaktionärer Aristokratie und den menschlichen bürgerlichen Marineoffizieren erweist Austen als kritische und patriotische Zeitgenossin.

Die dritte Lektüre müsste ***Emma*** sein, meiner Meinung nach Austens größter und reichster Roman. Er zeigt Austen auf dem Gipfel ihrer künstlerischen Fähigkeiten. Wieder ist die Heldin eine originelle, in der englischen Romanliteratur neue Gestalt. Anders als Anne Elliot, die von Anfang an weiß, welchen Mann sie liebt, braucht Emma Woodhouse bis fast zum Ende des Buches, um ihre eigenen Gefühle zu durchschauen. *Emma* ist Austens einziger Roman, der an einem einzigen Ort spielt. Gerade das aber gehört zu seinem Reiz, denn »das große und seiner Einwohnerzahl nach fast städtische Dorf« (S. 8) Highbury ist ein wahrer gesellschaftlicher Kosmos mit einer klaren sozialen Struktur von den ersten Familien über den Mittelstand bis hinunter zu den armen Leuten und den Vagabunden. Hier ist der Ton wieder heiter und ironisch. Die beiden prominentesten der karikierten Gestalten – Miss Bates und Mrs. Elton – sind unvergessliche und meisterhafte Porträts, deren Persönlichkeit sich ganz und gar in ihren eigenen Worten enthüllt. Kein anderer Roman Austens ist so voll von Geheimnissen, die die Leser meist erst beim zweiten Lesen durchschauen.

In welcher Reihenfolge die nun schon eingeweihten Austen-Leser die drei verbleibenden Romane lesen, hängt von ihren eigenen Stimmungen und Dispositionen ab.

Wer sich auf das parodistische Spiel mit dem zeitgenössischen Schauerroman einlassen will, wird zu ***Kloster Northanger*** greifen. Der Reifungsprozess seiner naiven Heldin Catherine Morland entspricht am ehesten dem des damals gängigen Typs der unschuldigen jungen Frau, die in die Gesellschaft eingeführt wird. In diesem Fall führt das zu höchst lebendigen Szenen im modischen Bath.

Ernster gestimmte Leser werden ***Mansfield Park*** vorziehen, denn die Leidensgeschichte der armen Fanny Price, die im Haus ihres adligen Onkels aufwächst, endet erst kurz vor Ende des Romans. Sein zweiter Sohn und seine zwei Töchter werden durch Liebesabenteuer in unterschiedliche Versuchungen geführt.

Verstand und Gefühl ist Austens bitterster Roman. In einer von Egoismus und finanziellen Erwägungen bestimmten Welt erleben die Schwestern Elinor und Marianne Dashwood Liebesenttäuschungen.

Der Film zum Buch, das Buch zum Film

Alle Austen-Romane sind mehrmals verfilmt worden. Hier folgt – mit der Bitte um Widerspruch – die Liste der Filmversionen, die mir am besten gefallen. Von den meisten muss gesagt werden, dass die englische Filmindustrie es fast immer glänzend versteht, das historische Ambiente, die Atmosphäre, die Bauten, Interieurs und Kleidung der Zeit und die gesellschaftlichen Konstellationen filmisch einzufangen. Die meisten Austen-Verfilmungen sind daher ein visuelles Vergnügen.

Verstand und Gefühl: Zwei neuere Verfilmungen stehen zur Auswahl, die beide ihre Vorzüge haben. Ich ziehe die Miniserie von 2008 vor, obwohl der Film von 1999 die berühmtere Besetzung hat (Emma Thompson, Kate Winslet, Hugh Grant). Die Miniserie hat den Vorteil, dass die weiblichen Hauptrollen von jungen Darstellerinnen verkörpert werden. Es ist ein generelles Problem mancher Austen-Verfilmungen, dass die Darstellerinnen zu alt für Austens junge Heldinnen sind. Elinor und Marianne Dashwood sind neunzehn bzw. noch nicht siebzehn. Zur größeren emotionalen Tiefe der Miniserie trägt erheblich die visuelle Interpretation der Gefühle durch das Spiel der Augen bei, durch die häufigen Großaufnahmen fragender, zweifelnder, dankbarer, strahlender und konspirierender Blicke. Alle Figuren sind erstklassig besetzt – außer Willoughby. Hier ziehe ich Greg Wises Mr. Willoughby aus dem Film von 1999 Dominic Cooper vor. Während der Film eine unentbehrliche Figur (Anne Steele) und eine unentbehrliche Szene (Willoughbys Beichte) streicht, zeigt die Miniserie umgekehrt Szenen, die im Buch nur berichtet werden. Sie verdeutlichen den Konflikt zwischen Oberst Brandon und dem gewissenlosen Mr. Willoughby.

Stolz und Vorurteil: Die achtteilige von der BBC produzierte Fernsehserie von 1995 mit Jennifer Ehle als Elizabeth Bennet, Colin Firth als Mr. Darcy und der überzeugend hysterischen Alison Steadman als Mrs. Bennet ist heute ein ›Klassiker‹ und verdient wohl den ersten Preis. Der brütende Mr. Darcy mit seinem Kopfsprung in den See seines Herrensitzes ›Pemberley‹ und seinem Auftauchen im nassen Hemd hat angeblich Firth zum weiblichen Filmidol gemacht. Lady Catherine de Bourgh (Barbara Leigh-Hunt) und der widerliche Mr. Collins (David Bamber) sind großartige Verkörperungen der Austenschen Figuren. Ein sehenswertes Kuriosum ist unterdessen der Hollywood-Film von 1940 mit Greer Garson als Elizabeth Bennet und Laurence Olivier als Mr. Darcy, die beide zu alt für die Rollen sind. Kostüme und Ambiente entsprechen nicht der Zeit Austens, sondern der Mitte des 19. Jahrhunderts und wirken viel zu schwer für den heiteren Charakter des Romans.

Mansfield Park: Die sechsteilige, 1983 von der BBC produzierte Fernsehserie mit der wunderbar verschreckten Sylvestra Le Touzel als Fanny Price und Anna Massey als unerträglich gehässige Mrs. Norris bleibt mein Favorit trotz des falsch besetzten Edmund Bertram. Die Verfilmung ist werkgetreu und enthält viel originalen Text, nur die Trägheit von Lady Bertram (Angela Pleasance) wirkt auf mich aufgesetzt.

Emma: Der BBC-Film von 1996 mit der charmanten Kate Beckinsale als Emma Woodhouse, dem gutaussehenden Raymond Coulthart als Frank Churchill und der zurückhaltend-vornehmen Olivia Williams als Jane Fairfax ist für mich die überzeugendste Verfilmung. Alle Rollen scheinen mir ausgezeichnet besetzt – mit einer Einschränkung: In keiner der Verfilmungen scheint mir Miss Bates ideal besetzt. Wäre die jüngere Maggy Smith die beste Besetzung gewesen?

An der neuesten Verfilmung von 2020 irritiert mich der muntere Mr. Woodhouse (Bill Nighy), der hier kein egoistischer Trottel ist, sondern ein herumspringender Möchte-gern-Jüngling. Emmas Reiz besteht in dem Roman darin, dass sie viele Fehler macht, aber trotzdem auf die Leser liebenswürdig und charmant wirkt und deren Sympathie nie verliert. Die Film-Emma von Anya Taylor-Joy ist charmelos, bissig und angestrengt und ruiniert für mich den Film.

Kloster Northanger: Da der Film von 1987 heute altbacken, ja albern wirkt, gibt es hier nur eine empfehlenswerte Verfilmung: den visuell höchst ansprechenden Film von 2007 mit der charmanten Felicity Jones als Catherine Morland und JJ Feild als Henry Tilney. Er wurde leider nicht in Bath gedreht. Die vielen Hell-Dunkel-Kontraste betonen die heitere und die dunkle Seite des Romans glaubwürdig. Ich glaube nicht, dass Jane Austen zugestimmt hätte, dass Catherine am Ende den Roman *The Mysteries of Udolpho* ins Feuer wirft. Sylvestra Le Touzel, die scheue Fanny Price von 1983, spielt hier eine ebenso überzeugende Mrs. Allen.

Überredung: Die immer noch verfügbare Miniserie von 1971 wirkt heute, wie kaum anders zu erwarten, recht altbacken und statisch. Die Miniserie von 1995 und der Film von 2007 zeigen glücklicherweise beide die echten Schauplätze in Bath.

Wegen Amanda Root mit ihren dunklen, fragenden Augen als Anne Elliot und Ciarán Hinds als angemessen rauem Kapitän Wentworth gebe ich der Version von 1995 den Vorzug. In der späteren Version irritiert gegen Ende die atemlose Verfolgungsjagd der Heldin. Ist Rupert Perry-Jones hier als Kapitän Wentworth zu ›schön‹ für einen wettergebräunten Marineoffizier? 2022 erschien eine neue Verfilmung des Romans, in der eine schäkernde, Wein trinkende Anne Elliot (Dakota Johnson) ständig mit einem kleinen Kaninchen herumläuft und sich auch sonst recht kindisch benimmt. Ich vermute, so möchte man das über 200 Jahre alte Buch modernisieren – na, wenn das denn den Zweck erfüllt!

Dass in englischen Theateraufführungen und Filmen heute öfter Schwarze die Rollen von Weißen übernehmen, gehört offenbar zum Selbstverständnis der Gegenwart. Aber ist es ausgerechnet in *Überredung* zu rechtfertigen? »Eitelkeit war das A und O von Sir Walters Charakter – persönliche und gesellschaftliche Eitelkeit«, heißt es auf Seite 2 des Romans. Dass ausgerechnet dieser Baron und Vater seiner Tochter Mary erlaubt hat, einen Schwarzen zu heiraten und dass er mit einer schwarzen Lady Russell befreundet ist, widerspricht seiner Persönlichkeit zutiefst.

Lady Susan: Der Film von 2016 unter dem Titel *Love and Friendship* mit der schönen, souveränen Kate Beckinsale als Lady Susan (die schon meine liebste Emma war) und mit Tom Bennett als wunderbar blödsinnig-naivem Sir James Martin fängt auf glänzende Weise die Atmosphäre des Buches und den aphoristischen Text ein, verfälscht aber leider seinen Schluss, denn im Film bekommt die Lady alles, was sie will: den reichen Mann und ihren Liebhaber.

Lektüretipps

Jane Austens Werke

Emma. Aus dem Engl. übers. von Ursula und Christian Grawe. Nachw. und Anm. von Christian Grawe. Stuttgart 2013.

Kloster Northanger. Aus dem Engl. übers. von Ursula und Christian Grawe. Nachw. und Anm. von Christian Grawe. Stuttgart 2013.

Mansfield Park. Aus dem Engl. übers. von Ursula und Christian Grawe. Nachw. und Anm. von Christian Grawe. Stuttgart 2013.

Stolz und Vorurteil. Aus dem Engl. übers. von Ursula und Christian Grawe. Nachw. und Anm. von Christian Grawe. Stuttgart 2013.

Überredung. Aus dem Engl. übers. von Ursula und Christian Grawe. Nachw. und Anm. von Christian Grawe. Stuttgart 2013.

Verstand und Gefühl. Aus dem Engl. übers. von Ursula und Christian Grawe. Nachw. und Anm. von Christian Grawe. Stuttgart 2013.

Die schöne Cassandra. Sämtliche Jugendwerke. Aus dem Engl. übers. von Ursula und Christian Grawe. Nachw. und Anm. von Christian Grawe. Stuttgart 2012.

Die Watsons. Lady Susan. Sanditon. Die unvollendeten Romane. Aus dem Engl. übers. von Ursula und Christian Grawe. Nachw. von Christian Grawe. Stuttgart 2011.

Ich bin so gütig, Dir wieder zu schreiben. Briefe. Mit weiteren Dokumenten aus dem Familien- und Bekanntenkreis. Aus dem Engl. übers. von Ursula und Christian Grawe. Nachw. und Anm. von Christian Grawe. Stuttgart 2013.

»Ich bin eine Katze, wenn ich eine Maus sehe«. Jane Austen zum Vergnügen. Hrsg. von Ursula und Christian Grawe. Stuttgart 2007.

Zum Weiterlesen

Adkins, Roy / Adkins, Lesley: Eavesdropping on Jane Austen's England. How Our Ancestors Lived Two Centuries Ago. London 2013.

Amy, Helen: The Jane Austen Files. A Complete Anthology of Letters & Family Recollections. Stroud 2021.

Grawe, Christian: »Darling Jane«. Jane Austen – eine Biographie. Stuttgart 2011.

– Jane Austens Romane. Ein literarischer Führer. Stuttgart 2015.

Jehmlich, Reimer: Jane Austen. Darmstadt 1997.

Le Faye, Deirdre: Jane Austen und ihre Zeit. Übers. von Anja Schünemann und Michael Windgassen. Berlin 2002.

– Jane Austen. A Family Record. Cambridge [2]2004.

Maletztke, Evamarie: Mit Jane Austen durch England. Frankfurt a. M. / Leipzig 2009.

Martynkewicz, Wolfgang: Jane Austen. Reinbek b. Hamburg 1995 [u. ö.].

Mullan, John: What Matters in Jane Austen. Twenty Crucial Puzzles Solved. London [u. a.] 2012.

Muir, Rory: Love and Marriage in the Age of Jane Austen. New Haven 2024.

Smith, Maggy / Le Faye, Deirdre: Das Jane Austen Kochbuch. Aus dem Engl. übers. von Lutz Walther. Stuttgart 2013.

Suk-Young Chwe, Michael: Jane Austen, Game Theorist. Princeton 2013.

Tomalin, Claire: Jane Austen. A Life. New York 1997.

Wilson, Kim: Auf den Spuren von Jane Austen: Die Schauplätze ihres Lebens und ihrer Romane. Übers. von Maria Meinel. München 2015.

JANE AUSTEN
Die Romane
Reclam

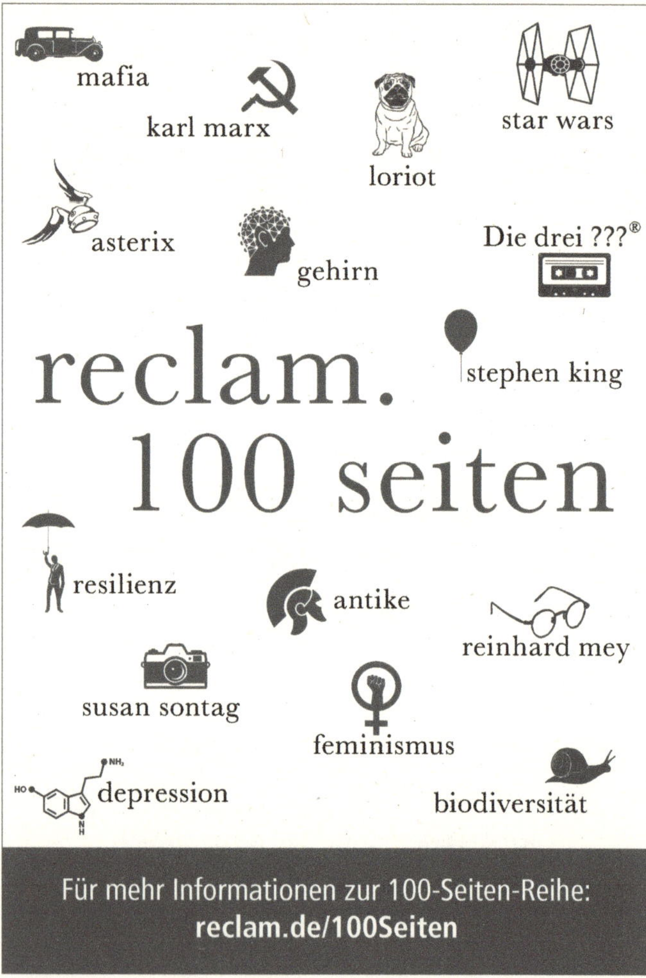
mafia
karl marx
loriot
star wars
asterix
gehirn
Die drei ???®
reclam.
100 seiten
stephen king
resilienz
antike
reinhard mey
susan sontag
feminismus
depression
biodiversität
Für mehr Informationen zur 100-Seiten-Reihe:
reclam.de/100Seiten